Cuando 1+1=1
Aquella "Imposible" Conexión

Gabriela "la Moldava" Condrea

Paint with Words Press

Seattle - Buenos Aires

Publicado por Paint with Words Press (Pintar con Palabras)

Para la reproducción total o parcial de este libro debe requerirse autorización a Gabriela Condrea, info@gabrielacondrea.com.

Traducción por Gabriela Condrea, con gran ayuda de Débora Chiodi, Carolina Siegrist, Julieta Aranda, Lucía De Rosa y Leonardo Alesandro y todos los editores Facebookearios.

Diseño, arte y creación del libro y copyright © 2013, 2011 realizada por Gabriela Condrea. Fotografía: foto de la autora sola por Gary Draluck; foto con Morena Chiodi por Celeste Voria.

Cuando 1+1=1 (When 1+1=1)
ISBN-13: 978-0-9839063-1-5
ISBN-10: 0-9839063-1-9

Impreso en los Estados Unidos

Índice

Introducción: ¿Por qué Conexión?[1]

Conexión. Este tema de la conexión es algo que me acompaña toda la vida. Tenía seis años cuando salimos de lo que en aquel entonces era la República Soviética de Moldova hacia un lugar lejano, buscando la oportunidad de construir una vida mejor. Todavía me queda grabada en la memoria la imagen de mi prima Mărioara corriendo por la plataforma detrás del tren que nos iba apartando. En el recorrido que hicimos para salir de Chişinău, pasamos el cerro detrás del departamento de los primeros seis años de mi vida, y esa fue la primera imagen que me hizo lagrimear cuando volví por primera vez 14 años después. Me acuerdo que de chica quería que mi familia estuviera más cerca – soñaba con una gran reunión familiar. La inmigración dispersó la familia de mi madre por Europa y la de mi padre a Israel y Australia. Nosotros terminamos en Seattle, en otro continente más. Reunirnos todos es casi imposible.

También hubo relaciones y no-relaciones, vínculos y desvínculos, conexión y desconexión, románticamente – tironeada entre la carrera y el amor y los viajes de un alma ambulante. Ando adoptando primos y sobrinas, hermanos y tías en lugares distantes – conectándome con personas de las cuales estoy separada por océanos y diferencias horarias. A pesar de las complicaciones geográficas y aun si hablamos con poca frecuencia, cuando sí nos volvemos a ver o nos escribimos unos mensajes, parece que nos hubiéramos visto anteayer. Este estiramiento de lazos con gente es quizás un espejo de la diáspora que vive dentro de mí.

---

[1] Inspirado por una pregunta de Paul Stieger de Boise, Idaho, EE.UU. en octubre 2012: "Lo que más quiero preguntar es, ¿Este tema de la conexión en tu libro fue algo que estaba creciendo dentro de ti toda la vida? ¿Es que se intensificó al empezar con el Tango en 2009?"

El tango me ayuda a conectarme "con" y entenderme a mí misma de una manera que, en esta sociedad tan individualista, se me complicaba hacer. Claro que en el ambiente de tango vas a encontrar egos y divisiones y convicciones fuertes – todas las características que se encuentran en cualquier grupo de gente apasionada por lo que hace – pero también hay una maravillosa sensación de comunidad, de coexistencia tan palpable, de colaboración e interacción y respeto, que abarca generaciones. A través del tango, he encontrado una sensación de pertenecer, algo que buscaba, algo que muchos de nosotros buscamos.

Y, aunque el tango es algo muy especial para mí, no es único. No es único en el sentido de que es sólo otra cosa más que nos brinda una excusa para juntarnos. Hay muchas actividades por las cuales nos reunimos y muchas más hacían parte de la vida cotidiana en otros tiempos. Hoy en día, nos sentamos en cajas con escritorios, cada uno clavando los ojos en su propia cajita brillante, contando los minutos hasta subirnos a cajas que ruedan, todos orientados en la misma dirección hasta llegar a nuestras cajas más grandes para cerrar la puerta con llave. ¿Cuántas veces nos detenemos para dar una caricia, cuántas veces nos tomamos un minuto para escuchar el corazón de otra persona, cuándo es que hacemos una pausa para reconocer la historia de otro ser humano? Ahora que la mayoría de los estímulos que experimentamos son visuales y verbales y la verdad es concreta y se puede cuantificar, ¿Con qué frecuencia reconocemos nuestras penas en la angustia de otra persona? ¿Cuánto nos dejamos sentir? ¿Cuánto confiamos en nuestra intuición?

Somos naturalmente empáticos. Me estoy enterando de más y más estudios que lo confirman. Durante siglos, hemos sido separados y divididos. El hombre es ventajero y aprovechador, pensando siempre en su interés. El egoísmo provocará a tu vecino a robarte, nos dijo Hobbes.

Supervivencia del que mejor se adapta. Pero su empatía por otro ser humano lo motivará a buscar una sierra cuando se caiga un árbol encima de tu casa (como me contó recién mi amigo Karl), la empatía lo conmoverá al ver un animal maltratado, y la empatía es lo que llevará a una persona que tiene lo justo para comprarse comida hasta el fin de la semana a buscar una moneda para compartir con otra persona necesitada.

Es especialmente en los momentos más difíciles, en los momentos de mayor vulnerabilidad, que podemos ver la solidez de los vínculos que formamos con los que nos rodean – la conexión – con más claridad. Cuando perdemos un ser querido, cuando nos arriesgamos, cuando nos zambullimos en un sueño sin saber muy bien a dónde vamos – estos son los momentos en que la gente nos tiende una mano, nos recibe con calidez, cuando se juntan para darnos el empujón para emprender el camino. Es cuando tenemos la oportunidad de ayudar a otro, que nos conectamos más íntimamente con nuestra propia humanidad.

El tango para mí ha sido un viaje tanto hacia adentro como hacia afuera. Una búsqueda para encontrarme a mí misma, una excavación de las emociones y de los nervios que había empezado a podar y recortar – para adormecerme los dolores del corazón, para protegerme de la vulnerabilidad, para escudarme de la inseguridad ante lo desconocido. El tango me sostuvo trascendiendo momentos asombrosamente hermosos y momentos profundamente dolorosos – a través de la pérdida y el crecimiento y la adversidad – a través de emociones que abarcan la amplitud de la gama: desde la euforia, la alegría incontrolable, hasta el triste silencio del vacío que resta cuando no queda nada más. El tango me ha ayudado a verme desde adentro hacia afuera.

¿Podemos separar el viaje del catalizador, del propulsor, de la persona? No, me parece que no. Está todo conectado, vinculado. Es un todo, un paquete. Somos cada uno mucho más que solamente blanco y negro – somos muchos, muchos matices del gris. El tango me ha ayudado a entender que La Vida es Conectarse – con los que nos rodean y, consecuentemente, con nosotros mismos.

Una aventura con el Tango

Como la mayoría de las aventuras amorosas, sucedió cuando menos la esperaba. Había tomado un año sabático de enseñar letras en el octavo grado en Seattle y me fui a Perú para hacer un proyecto solidario, pensando en llegar de alguna manera hasta Santiago de Chile y después capaz a Buenos Aires, a buscar un trabajo por un tiempito, tal vez estudiar un poco de salsa también. Para mí, el tango era eso de caminar por una línea rígida con la rosa en la boca como había visto en las películas. No tenía la más mínima idea de lo que es el tango ni ganas de saber más.

Nos conocimos el 22 de febrero del 2009. Fue un domingo, mi primera noche en Buenos Aires, en Armenia 1366. Con el primer abrazo, me di cuenta que esto era algo distinto.

Bailamos y bailamos y seguimos bailando: en el subte, en el colectivo, en la plaza con un payaso, en un escenario pequeño en La Boca, en conciertos, en las *milongas*.[2] Y en el camino encontré gente con quien compartir un abrazo, con quien compartir esta nueva pasión, y gente con quien filosofar sobre la vida. Y aunque tuve que descansar los pies cuando ya no daban para más, sabía que estaba justo en donde tenía que estar al deslizarnos por el piso de madera de la pequeña habitación cuadrada del Estudio.[3]

Me siento muy afortunada por haber conocido el tango. Tan afortunada por haber encontrado una pasión, una razón por la cual hacer sacrificios, una liberación, un alivio emocional, un refugio, un buen amigo, una filosofía, un lenguaje para comunicar sin palabras, un medio para acercarme a mí misma.

Sí quiero, Tango, en las buenas y en las malas, sí quiero.

---

[2] *milonga* – una reunión social donde se baila tango y otras danzas, incluyendo el baile que también se llama *milonga*

[3] Diciendo "el estudio," me refiero al Estudio Dinzel en Buenos Aires donde me crié como tanguera, el Estudio de Gloria y Rodolfo Dinzel.

El Tango es Conectarse

el abrazo

Agarro su espalda
colocando mi mano
sobre la línea de su columna
atrayéndolo
invitándolo a acercarse
y a la vez empujándolo
manteniendo la distancia
creando la tensión
la conexión
delineando los parámetros
entre dos
que caminan como uno.

Cuando 1+1=1

cuando los límites de nuestros cuerpos
se vuelven insignificantes y obsoletos,
cuando cada pulso de su pecho
se manifiesta en mis piernas,
cuando no puedo distinguir
si el sudor es suyo o si es mío,
y nos movemos como si fuéramos uno...

Mejor que sola

Nos encontramos con Ángel una noche para compartir una botella de vino y las armonías de guitarras y voces barítonas. Él sabía que había vuelto por el tango, y por eso eligió este bar chiquito amontonado de gente que vino para escuchar y sumarse al canto.

Después Ángel ofreció acompañarme hasta casa. "Mejor que sola," le contesté. "¿Mejor que sola?" una risa ofendida. Quedó como una broma entre nosotros. Claro que él lo tomó como que yo prefería no caminar sola de noche por las calles de Buenos Aires. Y tenía razón, en parte. Pero por lo general, prefiero caminar sola que mal acompañada. Disfruto de mi propia compañía. Valoro el tiempo que tengo para mí.

Cuando yo digo que pasar tiempo con alguien es mejor que estar sola, para mí, es un gran halago.

Más que la suma de las partes

Con todo lo complejo que es organizarse para caminar juntos, ¿por qué no caminar solos? Solo, puedes mirar todas las prendas que decoran las vidrieras y tomar tu tiempo tranquilamente, puedes sentarte a tomar un café cuando te dan las ganas, reflexionar sobre el cielo. Un pie adelante del otro, caminar solo resulta mucho menos complicado.

¿Vale la pena adaptar tu horario para combinar mejor con los tiempos de otra persona? ¿Vale la pena acostarte más tarde para salir a compartir un postre a última hora? ¿Vale la pena perderte tu serie preferida sólo para charlar un poco más por teléfono? ¿Por qué? ¿Por qué hacer tantas concesiones sólo para abrazar a otra persona?

Porque a veces compartir el camino con otro puede resultar mucho más divertido que caminarlo solo. Porque a veces el postre queda más rico con dos cucharitas. Porque hay conversaciones que suceden por teléfono que no tienen par en la televisión. Porque caminando con otro existe la posibilidad de descubrir cosas que ni las hubieras imaginado sola. Porque juntos podemos construir algo mucho más grande que cada uno de nosotros: algo que sea más que simplemente la suma de sus partes.

El tango es una relación en la cual 1+1 no es igual a 2, sino a 1, dice Rodolfo Dinzel.[4] Esta entidad que se forma tiene mucho más potencia que la suma de cada uno de los componentes; cada parte aumenta a la otra.

Así que, si la compañía te cae bien y lo estás pasando lindo, ¿por qué no caminar juntos? A veces los sacrificios valen la pena. Y solamente mientras valgan la pena, deberían seguir caminando juntos.

---

[4] Como escribió en su libro, *El Tango, una danza: esa ansiosa búsqueda de la libertad,* Corregidor, Buenos Aires: 2008, p. 9.

El Tango es un Buen Amigo

"El tango es un buen amigo," dijo Pepe.

Y tiene mucha razón.

Él está cuando quiero celebrar la vida y cuando necesito lamentar mis penas amorosas, en las buenas y en las no tan buenas. El tango me ayuda a abrazar gente sin dudarlo; a verlos como son. El tango me enseña a aceptarme a mí misma, también – el verdadero yo – y me hace observar cosas en mí que ni se me ocurrirían. No logro esconder nada de Tango. Tango sabe todo, hasta las cosas que ni digo.

Un abrazo en una noche fría de principios de otoño

Después de un día largo sirviendo cerveza en Bumbershoot[5] con el viento fresco de principios de otoño congelándome todo el cuerpo, tomé el 13 y otro colectivo más hasta el Túnel de Westlake donde tomé el 71 para encontrarme con Terry en el bar The Scarlet Tree. Había música en vivo, pero estaba tan agotada que para lo único que tenía fuerzas era mantener la cabeza levantada y sostenerme de una silla.

Cuando le dije que era imposible, un hombre me convenció de bailar con él. Bailamos lento y suavecito y cuando se acabó el tema, pensaba que ya no podía más. Pero se acercó un amigo de Terry y me tomó en sus brazos, apoyó su mejilla contra la mía, y el frío que me había envuelto se desvaneció por la calidez de su abrazo. Mi cuerpo, mi mente y mi corazón se rindieron; sentí la música a través de sus movimientos y bailamos.

---

[5] Un festival de música y arte que sucede en Seattle cada septiembre.

El Tango es Conectarse

Bailando con Camilo Díaz un día, me dijo de soltar los brazos. Y mientras giramos uno alrededor del otro, me contuvo con sus ojos. Y yo a él con los míos.

La conexión es más que simplemente el acto físico de abrazarse; nace de la mirada,[6] del compartir una superficie en común, de la energía mutua, la manera de conversar sin palabras, del hecho de que nada suplanta la intención de seguir juntos, vinculados, cada uno eligiendo pertenecer al uno.

Vincularse es una elección y depende de la colaboración de los dos. Mantener una conexión con alguien no tiene que ver solamente con estar físicamente presente,[7] va más allá de simplemente estar abrazados. Dos personas pueden estar lejos uno del otro y sentirse muy conectados emocionalmente. Dos personas pueden tenerse en los brazos y no sentirse conectados para nada.[8]

El tango es conectarse. Sin conexión, se siente vacío; pero conectados, las posibilidades no tienen límites. Por eso es que los tangos que nos quedan grabados en el corazón muchas veces son los más sencillos, los bailes "caminados," que ocurren en espacios imposiblemente chiquitos, con compañeros de cualquier "nivel" de experiencia. No tiene que ver con el tiempo que uno lleva bailando ni con cuántos pasos uno sabe – trata de compartirse con una persona que te entiende. Es por eso que seguimos volviendo a la pista, es por eso que seguimos buscando más.

---

[6] *mirada* – entrelazarse los ojos antes de bailar (el *cabeceo*)
[7] "No es lo mismo ser que estar" por Alejandro Sanz citado por Rodolfo Dinzel, 2009.
[8] Horacio Godoy, 10 marzo 2011.

Cada olla tiene su tapa

Lo que se ve de una pareja desde afuera no es siempre una buena indicación de como se siente por dentro.

Una noche de milonga vi una presentación en la cual me parecía que el hombre bailaba con mucha fuerza – no me gustó como la trataba. Pero ellos se eligieron, así que había algo que funcionaba entre los dos, algo que para mí pasaba desapercibido. Como dice mi amiga Débora, siempre hay un roto para cada descosido. Lo que a una persona le parece lo mejor de lo mejor puede ser incomprensible para otro. Y no corresponde a nadie juzgar lo que pasa entre dos personas.

Cuando encontramos alguien que nos calza bien, cuando encontramos la tapa para nuestra olla, no importa mucho lo que piensen los demás.

La Vida como un Ser de Cuatro Patas

Un Abrazo Elástico

El vínculo entre dos personas tiene que ser suficientemente estable para resistir los cambios, pero a la vez fluido y elástico para permitir que cada uno se desarrolle. Importa más la fuerza del vínculo que el poder de cada individuo. Aunque el roble parece más fuerte que el junco, el junco no se quiebra al enfrentarse con la peor tormenta – en vez de oponerse, baila con el viento. La relación que buscamos en el tango es una combinación de consistencia y flexibilidad, un vínculo que se pueda sostener en dinámica.

Equilibrándonos como un Cuadrúpedo

En el tango dejamos de ser bípedos para transformarnos en una criatura de cuatro patas. Las piernas de nuestro compañero se hacen nuestras y las nuestras suyas. De a dos establecemos la conexión y de a dos manejamos nuestro equilibrio compartido. Si una pata nos falla un poco, la estabilizamos con las otras tres – colaboramos.

Claro que un verdadero cuadrúpedo que realmente tiene cuatro soportes no tiene mucho problema en confiar en todas sus patas, pero nosotros estamos acostumbrados a caminar en dos piernas. Para andar como un cuadrúpedo, tenemos que desarrollar la capacidad de apoyarnos y contar con las piernas del otro como si fuesen nuestras. Nuestra existencia cuadrúpeda depende de nuestra cohesión, de la voluntad de construir un proyecto en común. Sólo funciona si actuamos en equipo y generamos confianza, contención y seguridad uno en otro, especialmente cuando atravesamos los momentos más complicados. Nos necesitamos. Y si mantenemos la intención de resolver los problemas juntos, el equilibrio no será un tema de preocupación.

Pero como no somos realmente una sola entidad, de vez en cuando encontraremos la necesidad de revisar y ajustar para asegurarnos que estamos bien y cómodos los dos. Vamos cambiando, siempre, mientras bailamos. Cada tango, cada *tanda*,[9] cada vez que nos abrazamos, deberíamos tomar un poco de tiempo para calibrarnos y reencontrarnos con nuestra otra mitad, aun si ya nos conocemos muy bien. Somos dos personas dinámicas formando un ser cuadrúpedo.

---

[9] *tanda* – un conjunto de 3-5 (usualmente 4) temas musicales, que por regla social se baila con la misma pareja

Bailar las Caídas[10] – Dance the Wobbles

En el tango no tenemos problemas de equilibrio
precisamente porque somos flexibles
como el junco enfrentándose al viento fuerte.
Bailamos las caídas, así nunca caemos.
No hay culpa si hay colaboración.
La rigidez contra el mundo,
contra nuestro compañero no sirve.
No nos peleamos con la realidad;
la bailamos.
Porque la idea es seguir juntos,
caminar y estar juntos,
manteniendo el abrazo de dos que forman uno.
Buscamos tierra, echamos raíces,
nos abrazamos y caminamos.

In tango, balance isn't an issue
precisely because we are flexible,
like reeds facing the strong winds of a storm.
We dance the wobbles, that way we never fall.
There is no blame in collaboration,
there's no sense in being rigid against our partner.
We don't fight our reality –
we dance it.
Because the objective is to continue together,
to walk and to be together,
maintaining our embrace of two who form one.
We seek the earth beneath our feet, set roots,
we embrace and walk.

---

[10] De hecho, hay un movimiento en el tango que se llama "la caída"; en vez de resistir el impulso, se aprovecha esta energía para producir otro movimiento.

Siempre habrá momentos de desequilibrio. Son parte de la vida. Si nos ponemos mal y empezamos a culparnos uno al otro, los amplificamos y nos resulta mucho más complicado volver a sincronizarnos. Estos tambaleos son tan graves o tan mínimos cuanto los hacemos nosotros. Podemos pelearlos o podemos bailarlos; bailá las caídas.

El Sentido de flotación

Una de las primeras cosas que noté mirando una pista llena de gente bailando tango fue que, a pesar de que había muchos movimientos elaborados ocurriendo debajo de la cintura, parecían estar flotando. Pese a todos los cambios pasando a su alrededor y estar trasladándose por la pista de baile, había una calidad de consistencia en sus abrazos. Este algo, esta energía que cultivaban entre ellos, era lo que los ayudaba a mantener la conexión mientras trascendían los momentos más difíciles – era eso lo que creaba la sensación de que estaban flotando.

Si logramos desarrollar y sostener un vínculo constante con nuestra pareja, podremos aguantar y abrazar los desafíos, las sorpresas y la belleza de una vida y un mundo y una pista de baile, de una unión que está siempre e inevitablemente cambiando. Aun si el mundo nos marea con sus vueltas incesantes, podremos lograr mantener el sentido de flotación.

Dulce Vulnerabilidad

Entregarse

Entregarse requiere confiar. Pero de la confianza es más fácil hablar que actuar, porque los problemas de confianza por lo general empiezan y terminan con uno mismo.

Confiar implica tomar riesgos. Porque crear una conexión requiere dos personas, porque nos acercamos tanto y nos inclinamos uno hacia el otro, apoyándonos – aun si sea sólo apenas – compartiendo un eje, dependemos uno del otro para realizar el proyecto. Nos echamos hacia adelante con la fe de que nuestro compañero nos va a encontrar a mitad de camino.

Y no puedes hesitar. O te comprometes o no, porque si entras a una situación con tus inseguridades formando una pared adelante tuyo, tratando de demostrar que no es un buen candidato, tendrás razón: él no lo será. Si tu intención es pescarla en el acto de decepcionarte, lo vas a lograr. Tu compañero no te puede encontrar en la mitad del camino si no te acercas tú también.

Enfrentando los problemas solos crecemos como individuos, pero para fortalecer un vínculo, hay que trabajar juntos. Lo que más cuesta es soltar las riendas y permitir que otra persona nos ayude cuando más se complican las cosas; si entregamos una pequeña parte de nosotros y nos comprometemos a apoyarnos en el otro, ya no tendremos la situación completamente en nuestras manos – ni uno ni el otro tiendrá todo el control. Pero arriesgándonos a la posibilidad de terminar juntando todas las piezas solos es la única manera de realmente construir algo en común; entregándose es la única manera de bailar juntos.

Sin entrega, no hay baile.

El Miedo de Caerse

"Regret for the things we did can be tempered by time; it is regret for the things we did not do that is inconsolable."

– Sydney J. Harris

"El tiempo puede atemperar el remordimiento por aquello que hicimos; lo que no tiene consuelo es el remordimiento por aquello que no hicimos."[11]

Bueno, lo que pasa es que muchos de los bailarines de tango en Argentina no son muy altos de estatura. O puede ser que yo no soy tan bajita. Sea como sea, en muchas de las combinaciones, termino yo siendo la más alta de los dos. Cuando un amigo me propuso reemplazar a su compañera en una compañía de baile, con muchas ganas le dije que sí. En tacos, yo soy un poco más alta que él. Es así. Habíamos trabajado antes, pero cuando subimos el nivel un toque ensayando en el estudio un día – con mucha energía, "dips" y saltos (me subía y me bajaba) – no me sentía tan cómoda. Arqueaba la espalda, pero me bloqueaba el movimiento en el medio.

Ana Ventura lo notó: "Salen cosas lindas cuando juegan, pero te frenás, como que no terminás de entregarte completamente al movimiento."

"Tengo miedo de caerme," le confesé.

"Pero soltá, no pasa nada," me dijo. "Entregáte."

"¿Y si me caigo?"

"¿Vivir toda la vida así? Y bueno te caes una vez, dos veces, y después ya no te vas a caer más. Es mejor que siempre frenarte en el medio."

---

[11] Traducido por Hector Pablo Pereyra, 25 abril 2013.

Tenía razón. Lo sabía. A veces sólo falta que alguien te lo diga. Sus palabras me dieron el coraje para entregarme a los movimientos más "arriesgados." Cuando dejé de tener miedo de mí misma, encontré la capacidad de conectarme más profundamente con mi compañero y al final no resultó tan terrible.

Si buscas seguridad antes que felicidad, la segunda será el precio que tendrás que pagar por la primera.[12] No ganas nada sin arriesgar algo. Es mejor intentar y fracasar que vivir con el temor de no hacer las cosas "correctamente," sin dar unos saltos de confianza, sin realmente experimentar la vida, con ansiedad y remordimiento por no haberlo intentado nunca.

---

[12] Una traducción de la frase de Richard Bach: "Shop for security over happiness and we buy it, at that price."

Un Acto de Fe

El tango es un acto de fe, dice Rodolfo Dinzel, porque no sabemos hasta dónde vamos a llegar ni cómo será el camino, pero lo que sí sabemos es que queremos viajar este tango juntos.

Cuando éramos jóvenes, el no saber significaba aventura y oportunidad. Pero al crecer aprendemos de todos los peligros posibles y lo que no sabemos nos empieza a generar temor. Entregarnos a nuestros sentimientos, a nuestra pareja, al momento, el no saber cómo se desarrollará el camino – esto es alarmante.

La vida está repleta de no saberes. Viene sin mapa; no encontrarás ningún guía ni puestos de control. Y las relaciones con los que nos rodean son misteriosas y fluidas y no garantizan nada. Nos pueden inspirar a ser mejor de lo que pensábamos que podríamos llegar a ser – por un día, una semana, una vida entera. Son completamente improvisadas e imprevisibles. Y es precisamente esto lo que las hace tan bellas: al emprender un sendero desconocido, al no saber en qué consistirá la aventura, nos abrimos a tantas posibilidades, a la probabilidad que se desarrolle de una forma que nunca nos hubiéramos podido imaginar.

Los vínculos son fugaces. No sabemos cuántos tangos nos quedan. No sabemos si el preludio a un beso en algún momento llevará al beso; eso es lo que hace al preludio tan seductor.

Cuando nos damos cuenta que el no saber es lo que le da a la vida la posibilidad de sorprendernos, empezamos a disfrutar de estos pequeños momentos. No sabemos a dónde vamos o cómo llegaremos o qué implicará este viaje durante los siguientes tres minutos. Lo que sí sé es que me comprometo a bailar este próximo tango contigo y confío que tú y yo podamos abrazarnos y trasladarnos por el piso y crear algo transitorio y fugaz y hermoso juntos.

Se siente más lindo besar a alguien cuando te besa también

Porque dar requiere volverse vulnerable, se siente más lindo cuando tu pareja te responde de la misma manera, o al menos si está dispuesta a recibir lo que le estás ofreciendo.

"Cada acción tiene una reacción igual y opuesta," explicó mi maestro de física del colegio secundario, "Durante las vacaciones de primavera prueben esto: besen a alguien y verifiquen si el otro también los besa." Se reía tanto que casi no le salían las palabras, pero tenía razón: es lindo besar a alguien cuando te devuelve el beso con una fuerza proporcional a la tuya. Si la fuerza es muy desproporcionada – o sale corriendo o te agobia – la situación se pone un poco incómoda.

Se siente lindo cuando alguien acepta lo mejor que tienes para ofrecerle: tú mismo. Se siente más lindo besar a alguien cuando ese alguien te besa también.

Tomar* con Ganas

En una relación, hay que saber ofrecer. En vez de empujar o forzar, hay que saber ofrecer la oportunidad para que la otra persona pueda decidir tomar lo ofrecido por su propia voluntad.

Hay que ofrecer con resolución, decididamente – sin dudas, sin prejuicios, sin miedos. Así el otro se siente seguro de lo que quieres y lo que ofreces.

Y hay que saber tomar y tomar con ganas, sin vacilar, sin miedo y aprensión, porque si no, el ofrecer ya no tiene mucho sentido.

In a relationship, you have to know how to give. Instead of pushing or forcing, provide the opportunity for your partner to decide to take what you are offering of her own will.

Give like you mean it – without doubts, without prejudgments, without hesitation. That way, your partner can be clear about what you want and what it is you are offering.

And you have to know how to take wholeheartedly and without reservation, without apprehension or fear, because otherwise, offering loses its meaning.

* Elegí la palabra "tomar" en vez de "aceptar" o "recibir" porque está bien tomar algo – no arrancar o arrebatar o robar, sino tomar. No hace falta ser pasiva o tímida o esperar que se te coloque en la mano. Si quieres algo que se te está ofreciendo, tómalo. Si no quisiera dártelo, no te lo debería ofrecer.

Cuando quieres más, da más

Es mucho pedir que otra persona confíe, especialmente si esa persona tiene problemas al respecto. En vez de retar o presionar a alguien que se resiste a confiar – lo que es muy probable lo lleve a retraerse más aún en su caparazón – pregúntate: ¿Qué es lo que le da miedo? ¿Cómo podría aliviar esa angustia?

Cuando quieres más que lo que te da tu compañero, empieza por entregarle más de ti. Angela Sarmiento me dijo un día, "Yo pongo mucho de mí en el baile y me gustaría que mi compañero haga lo mismo." Y lo hacía. Lo podía percibir. Cuando bailamos, se entregaba de una manera tan abierta, sin esperar nada, que me animaba a hacer lo mismo. Sentir que ella se arriesgaba me dio la seguridad para entregarme más yo también.

Mientras que demandas y exigencias provocan el reflejo defensivo de retirarse, con cada palabra cálida, cada gesto gentil, sentimos el impulso de devolver la buena energía – nos vuelve más predispuestos a dar del mismo modo. Cuando alguien se entrega por su propia voluntad, lo hace con placer y tanto el que da como el que recibe lo disfruta más.

Deja que me entregue yo

Envuélveme en tu abrazo y hazme sentir que me quieres contener, por un par de tangos.

¿Quieres acercarte más? Mejor. Pero acuérdate que tienes mucha fuerza, así que te pido que tengas en cuenta que hay una persona en tus brazos, que esta persona necesita respirar, que yo tengo un cuerpo blando y partes que necesitan un espacio adecuado para estar y capaz que un poco de espacio para ajustarme de vez en cuando.

En vez de jalarme hacia ti con toda la pura fuerza que tienes, intenta darme un poco más tú. No te quedes con todo "lo bueno" para ti, como dice Michelle Badion; compártelo conmigo. Piensa en lo que puedes hacer en tu cuerpo para achicar el espacio entre nosotros. Hazlo más fácil para que yo me acerque. Si te enfocas mucho en lo que yo no te doy, terminas complicándome la posibilidad de darte más. Y si no estoy cómoda acercándome, encuéntrame en donde sí estoy. Puede ser que sólo necesite un poco de espacio – déjame elegir lo que resulta más cómodo para mi.

Hay poder en ofrecer y hay poder en tomar. Te acepté la invitación a bailar y sigo acá queriendo más en cada momento que pasamos juntos. Lo que puedes hacer es ocuparte de convertir la opción de estar contigo más atractiva y tentadora, pero no puedes tomar la decisión por mí, ni lo quieres hacer. Déjame conectarme contigo, déjame elegirte, deja que me entregue yo.

Liviana como una pluma, Rígida como una Tabla

15 noviembre 2010

Hoy en el estudio, mientras bailaba con un amigo de contextura mucho más pequeña que yo, noté que cada vez que sentía comprometido el equilibrio, pisaba hacia afuera y ahuecaba mi pecho. Esta reacción refleja le causaba tensión, obligándolo a compensar mi energía. En lugar de colaborar con él, yo me arreglaba sola. Pensando en una conversación con Rodolfo Dinzel, me di cuenta que esta estrategia era contraproducente al objetivo de la pareja. Entonces, decidí probar algo distinto: compartirme, confiar un poco más, entregarme. Con esta modificación de orientar la energía hacia él en vez de hacia afuera, de pronto noté que los problemas de equilibrio disminuyeron mucho y el baile empezó a fluir más.

Aunque este chico es bastante más menudo que yo, tiene la fuerza de un león. Aun así, dudaba: Si yo me apoyara en él, ¿él sería capaz de sostenerme? Si tan sólo me pudiera dar la sensación de seguridad que necesitaba (la que yo ya había decidido que él no tenía capacidad de darme) para compensar por mi inseguridad... En realidad, no era cuestión de si él tenía la fuerza; lo que yo temía era provocarnos una caída yo.

Si lo que pretendía de él era más contención, yo también le tenía que dar más de mí. Y ahí es donde el miedo me ganaba. Como el juego de la pluma liviana y la tabla rígida,[13] cuanto más confías en ti, más fácil le resulta

---

[13] *Light as a feather, stiff as a board:* Un juego de confianza en el cual se comprueba que si uno mantiene el cuerpo tieso se vuelve más liviano, y los compañeros lo pueden levantar como una pluma.

a tu compañero sostenerte. Cuanto más te reprimes, más se le complica. Cuando confié en él, cuando tomé el riesgo de comprometer el equilibrio para entrar en una relación de dos cuerpos con un eje compartido, cuando me permití de depender de él, no fue para nada lo que yo temía. Cuanto más bailamos, más cómoda me sentí en el baile, con él, conmigo misma.

Muchas veces pasa que nos detenemos y nos escondemos detrás de nuestros prejuicios. Mientras resulta más fácil ver cuánto me complica la vida mi compañero – quien es mucho más alto, mucho más bajo, la mitad de mi peso, divorciado, con hijos, le gusta demasiado mirar fútbol (y la lista puede ser larga) – el gran desafío es superar mi propio miedo, que por lo general tiene que ver más conmigo que con mi compañero.

Encontrándome en Donde Estoy

Respira

22 febrero 2011

Hace años que no respiro. Es decir, hace años que dejé de respirar profundamente. Parece que en algún momento dejé de permitir que el aire me llene los pulmones, me nutra las células, que me acaricie la piel. Hago sólo lo superficial, lo básicamente necesario para sobrevivir. Inspiro y espiro.

He empezado a tomar duchas frías – al principio porque me gustaba como el agua me despertaba la piel y me daba consciencia de la superficie de mi cuerpo y ahora porque parece que la manija del agua caliente está trabada y lo único que tengo disponible es agua fría. No importa cuánto calor haga afuera, el agua fría es siempre un shock al sistema. Mi primer reflejo es acurrucarme, deteniendo la respiración, contrayendo todos los músculos que puedo preparándome para el ataque inminente. Pero, lo que trato de lograr, en cambio, es soltar y aflojar. Soltar, exhalar, relajar y respirar.

Y ahora que soy consciente de eso, me encuentro deteniendo la respiración durante las actividades diarias. Escribiendo la última frase, por ejemplo. Estaba tan concentrada en terminar de anotar el pensamiento en papel antes de olvidarlo o antes de que se me volcara encima la próxima cascada de ideas, que me di cuenta que no respiraba – ni hacia adentro, ni hacia afuera.

Así que mi estrategia es la siguiente: Busco ser más consciente de la respiración. Constante y profunda en vez de la por-la-superficie ligera e insustancial, permitiendo al oxígeno filtrarse en mis células, abriéndolas a recibirlo. Para re-entrenarme (porque este es un proceso natural que he aprendido a bloquear) a abrir las células para ser irrigadas por esta sustancia que da vida, este combustible, necesito exhalar y hacer espacio para que el aire puro pueda entrar. Para recibir lo nuevo, necesito tirar algunas cosas viejas y hacer lugar en mi placard, en mi agenda, en mi mente. Para poder inhalar, tengo que exhalar.

Bailar tango me ayuda a que recuerde relajarme y respirar. Cuanto más me relajo, mejor puedo percibir a mi pareja y más rápido puedo responder a sus movimientos, porque mi cuerpo se mueve con él instintivamente. Para recibir esta información de él, sensible al tiempo, en-el-momento, no puedo retener el pasado, no puedo llenar mi cabeza con pensamientos de la última clase de técnica que asistí – tengo que soltar y ser y dar de mí para poder recibir lo que me ofrece. Pruébalo la próxima vez que te acerques a alguien para abrazar en la pista: respira profundamente y expulsa todo el aire, relájate y conéctate con el piso. Entonces estarás lista para sentir el pulso de sus movimientos, para escucharlo, para percibir sus sugerencias y sus invitaciones, para recibir su respiración y darle la tuya.

Nota: Por lo general, abrazarse para bailar un tango implica embarcarse en una aventura hacia lo desconocido. Aprender a relajarse enfrentando a lo desconocido no es fácil; se dice que es un camino de toda la vida.

Un Espejo de Mí Misma

Los días se estiran y se acortan mientras las hojas van vistiéndose de colores y las flores se abren y cierran, el rocío resbala por los pétalos, las cosas se oxidan y envejecen, los bebés empiezan a levantarse agarrándose a los muebles y de pronto caminan solos. Nos resulta más fácil observar las transformaciones que nos rodean, notar la secuencia de cambios en los demás. Como siempre convivimos con nosotros mismos, los cambios graduales por los cuales pasamos son menos palpables, tan sutiles que a veces ni los percibimos.

Elegimos con quien vincularnos por motivos que tienen que ver con algo que necesitamos, una energía que buscamos – consciente o inconscientemente. Cada persona con quien bailamos, cada persona con quien elegimos tener algún trato, nos refleja una faceta particular de nosotros mismos; en su ángulo de luz particular, capta un pedacito de nosotros y lo espeja. Muchas veces lo que notamos en los demás son nuestras propias cuestiones que nos vuelven reflejadas en el otro. Reconocer esto nos puede servir para acceder a un entendimiento más profundo de nosotros mismos.

No existimos en un vacío. Nos definen nuestras interacciones con los demás. Si un árbol se cae en el bosque y nadie lo escucha caer, ¿hace algún ruido? Y si nadie lo escucha, ¿qué importa? Somos – por los vínculos que formamos con el mundo que nos rodea, por el contacto que tenemos con los demás.

Es como si a veces nos perdemos de vista; nos volvemos invisibles. Y algo tan simple como una caricia, nos puede reavivar. Nuestra existencia se reafirma en cada abrazo que compartimos. Este intercambio es algo que a todos nos hace falta, porque nos perdemos y nos encontramos siempre – es un proceso continuo en el cual tenemos que seguir y seguir trabajando.

La Integridad y los Límites Individuales: Encontrándome en Donde Estoy

La mayoría de nosotros no venimos empaquetados con un manual de instrucciones y los que sí, requerimos enmienda tras enmienda. Descubrimos nuestros límites en el camino. Es un baile de toda la vida entre el yo que quisiera ser, el yo que la gente piensa que debería ser, el yo que yo pienso que la gente piensa que debería ser, y el yo que realmente soy.

Pero eso no es un juego de "mercy"[14] – no vamos a la milonga, no vivimos para verificar cuanto dolor podemos aguantar – no es un concurso para ver quien se rinde primero. Hay dolores que te ayudan a crecer – por lo general, estos son los dolores que uno no elige. Hay otros que sí son consecuencia de las decisiones que tomamos según lo que necesitamos en el momento. Y después hay los dolores que sufrimos que podríamos evitar, o mejor aún, trabajarlos para que se disuelvan. ¿Para qué sufrir innecesariamente?

Hace muy poco decidí no pelear tanto conmigo misma; es una de mis últimas enmiendas. Me encontré una noche en un lugar donde no encontraba mi lugar. De acá para allá, de un lado a otro, de alguna manera terminé en el cuarto de atrás poniéndome los tacos. Un taco, para ser más exacta. Y, sin ni siquiera terminar de abrocharme ese zapato plateado, miré el otro y sentí la necesidad de preguntarme: "¿Es que realmente quieres ponerte el otro zapato?" Y tuve un intercambio cortito entre yo y yo, preguntándome si ponerme el otro zapato era un acto de mi propia elección porque lo que yo quería era quedarme ahí, o si era porque pensaba que debería quedarme, o porque me parecía que otros pensaban que debería quedarme. La pregunta era,

---

[14] un juego entre niños de agarrar un brazo y apretar para ver cuánto aguanta hasta gritar "piedad," parecido al juego "¡Me rindo!"

¿Qué era lo que *yo* realmente quería: ponerme el otro zapato o no ponerme el otro zapato? Y cada centímetro de mí participó en el proceso de sacarme el primer zapato. Junté mis cosas y sin perder ni un minuto más en pensar en lo que *debería* hacer, decidí hacer lo que sentía.

Si continúas optando por romperte el lomo y cargar todo a tus espaldas, vas a dar la impresión de que eso es lo normal para ti, y no puedes echarle la culpa a otro si te duele la espalda. Si te duele o te sientes incómodo, cambia algo. No podemos pretender que los demás sepan lo que necesitamos; es poco racional. Nadie nos puede leer la mente, ni hablar de que nuestras necesidades van cambiando mientras cambiamos nosotros. Aunque para uno puede ser bien obvio cuando es que le causa dolor el compañero, puede ser que el otro ni lo registre. Cuídate a ti, y lo digo con la intención menos egoísta posible. Si uno sabe lo que necesita, todo será mucho menos complicado para los que lo rodean. No es individualismo ni egocentrismo; es franqueza.

En el tango, como a las mujeres muchas veces se les enseña a soltar y entregarse, es muy importante encontrarse otra vez. Me di cuenta que me ponía resentida porque mi compañero me empujaba hacia el talón y después pretendía que girara. No hay que pelearse, pero sí muéstrale lo que necesitas. Puede pasar que lo que quieres no te parezca tan claro, pero tú sabes lo que precisas, lo que es bueno para ti. Por eso te duele la mano al tocar una olla recién sacada del horno, por eso bostezas después de pasar toda la noche de fiesta, por eso te duele la panza cuando tienes hambre, y es por eso que yo dudaba en ponerme el otro zapato.

Tienes toda la libertad de agregar enmiendas cuando te parezca. Sé honesta en tus acciones, en tus movimientos durante el baile, y tu compañero te comprenderá. Y esto incluye todo, desde no hacer el *gancho*[15] que él obviamente te está marcando si no te sientes cómoda, pedirle que te espere si no estás lista para empezar otro movimiento, es decir "gracias"[16] y "no" cuando eso es lo que sientes, y decir "sí" solamente cuando realmente quieres.

---

[15] *gancho* – un movimiento en el cual "enganchas" al compañero con tu pierna
[16] Decirle "gracias" a alguien en la pista de una milonga generalmente quiere decir que no deseas bailar más con esa persona por ahora o por lo que resta de la noche.

Es una negociación

¿Quieres eso?

Bueno, pero lo que yo te puedo ofrecer es esto.

Y van platicando desde ahí. A veces sale más fluido, a veces hay que jugar con los números y hacer bailar a las cifras un poco más para llegar a un acuerdo. Se trata de buscar un lugar en el medio entre lo que quiere y lo que necesita cada uno y lo que se pueden ofrecer uno al otro. Es un pacto para poder encontrarse en donde esté cada uno.

Cuídate a Ti

Mantenete el Eje

Carga tu mochila, o en el tango, mantén tu eje, que no significa que no te entregues o que no compartas el eje común con tu compañero. Tratando con extremos vamos bien: es trabajar el terreno intermedio – entre ser tan independientes que terminamos siendo restringidos y rígidos y ser tan abiertos y generosos y fluidos e indefinidos que nos caemos encima de nuestro compañero y nos perdemos – que nos cuesta. La igualdad y la colaboración implican encontrar el coraje para no dejar que los temores nos superen, para compartir, dar, buscar el equilibrio delicado de ser independiente y dependiente, ser confiable y confiar todo a la vez.

En teoría, si tu compañero se va, no deberías caerte. La idea es que dependen uno del otro no porque no se pueden parar solos, sino porque quieren estar conectados. Aunque no debería haber la necesidad de pararse uno por uno, tampoco deberías llegar nunca a un estado de dependencia tal que ya no puedas existir sola o que no hagas tu parte en la relación. Hay una gran diferencia entre ser necesitada y ser presente. Como dice Mariana Dragone, "Quiero ir con él, pero me quedo en mi cuerpo. No le peso."

Como se pusieron de acuerdo en bailar juntos y el objetivo no es que te suelte y diga, "¡Ajá! ¡Te caíste!", no es irracional confiar que tu pareja estará ahí a tu lado. En un contexto dinámico donde el terreno está siempre cambiando, habrá momentos en los cuales te apoyarás más en él y momentos en los cuales él necesitará que lo sostengas más tú. Tienen que adaptarse y ayudarse entre los dos. La idea es hacer tu parte en el asunto y no sobrecargarlo, aflojando demasiado el cuerpo o poniéndote demasiado tensa, sin empujarlo o tirarlo hacia abajo.

Cuando nos abrazamos con otro para bailar un tango, no buscamos un cachorrito triste para cargar por todos lados ni trabajar de niñera o compensarle a alguien. Buscamos un encuentro con una persona que tiene la fuerza suficiente para sostenerse sola y la fuerza suficiente para participar y compartir y formar la otra mitad de la entidad que creamos juntos.

¿Son tus mambos o míos?

Cuídate, no solamente para ti, para tu pareja, también. Cuando estás muy estresado y reniegas por todo, si te estás probando constantemente, es muy probable que la gente con la cual te vinculas sienta la ansiedad de estar a prueba también. Si tienes miedo de fallar, transmites esa tensión a tu compañera. Muchas veces pasa que proyectamos nuestros mambos a otros sin siquiera darnos cuenta. De hecho, lo hacemos tanto que podemos terminar convenciéndonos de que nuestros problemas son de nuestro compañero.

Si aprendo a aceptarme a mí misma como soy, podré hacer lo mismo con la gente que me rodea. Si soy íntegra, tengo más para compartir con mi pareja.

Hazte Espacio Para Ti

Cuando hablamos de nuestro propio volumen, imagino que todos hemos tenido la sensación de que este baile podría ser mucho más fácil si ocupáramos menos espacio – los giros, los *ochos*,[17] podríamos maniobrar mejor. La verdad es que muchos, muchos de nosotros sí ocupamos demasiado espacio, y eso no tiene nada que ver con la última medialuna que te comiste desayunando en la Viruta[18] anoche ni con el hecho de que algunos de nosotros tenemos más cadera que otros. Muchos de nosotros ocupamos más espacio de lo que nuestra forma natural requeriría debido a la mala postura.

Quién no habrá escuchado a un profesor decir, ¡No miren los pies! ¡Levanta la cabeza! Y, obedientes, levantamos la cabeza por un momentito antes de volver a la misma tendencia de fijarnos en todas las cosas maravillosas que hacemos con los pies. Pero un día, escuché a Olga Besio decir, "Si miras para abajo, le estás tomando el espacio al otro." ¡Que obvio! Si mi cabeza no está en línea con mi columna vertebral y me estoy encorvando la espalda, estoy tomando el espacio de otro: el espacio de mi compañero.

Mariana Dragone dice que la razón por la cual nuestra cadera sale para afuera y la cabeza se adelanta es porque no le hacemos espacio suficiente en la alineación vertical de nuestra columna. Si estiro los talones hacia el piso y la parte superior de mi cabeza hacia el techo, elongando mi columna vertebral de arriba abajo (del coxis hasta la coronilla), mi cadera y mi cuello y todo lo demás de repente encuentra una manera de acomodarse. Pruébalo. Aun si estás sentado, puedes estirar sólo la columna vertebral. Notarás enseguida que tu postura mejora.

---

[17] *ochos* – movimientos espirales que asemejan a la forma de un 8
[18] Un salón y milonga en Buenos Aires donde se puede desayunar *medialunas* (facturas con esa forma) a las 4:30 los fines de semana.

Al poner el carrito en marcha, los melones se acomodan solos. Este dicho me hace acordar a una cadena de e-mail sobre la analogía de las pelotas de golf, arena, y café en un frasco. Básicamente es así: siempre hay espacio para meter las cosas de pequeña importancia una vez que arreglaste las cosas fundamentales. Si empiezas por meter la arena, no queda espacio para las pelotas de golf. Si me enfoco en mis prioridades – la salud, familia, amigos, carrera, etcétera – los detalles se van a acomodar solos. Cuando no estiro la columna vertebral, obligo a las partes de mi cuerpo a salir por cualquier lado. Cuando sí estiro mi columna y hago espacio suficiente para todo de mí, todas las partes tienen espacio para alinearse. Es que yo puedo interferir en que alguien se acerque a mí; yo puedo interponerme en el progreso de mis propios sueños. Haciendo espacio para mí, a su vez hago espacio para mi pareja.

La buena postura no es solamente buena; es esencial

La buena postura no es solamente buena; es esencial. Si no estoy segura de mí o de dónde estoy parada, en el baile o en una relación, es injusto pretender que mi compañero compense mis inseguridades o agarrármelas con él en vez de resolverlas por mí misma.

Si no puedes evitar encorvarte, si no te queda otra que agacharte, bueno, pero deja entonces a tu compañera elegir cuanto acercarse. Un consejo: no tironees a nadie para acercarla más de lo que ella quiere. Tiene sus porqués o sino se acercaría más – pueden ser sus problemas o tuyos o una mezcla de los dos. No importa: no la fuerces. Todos tenemos nuestros motivos por los cuales mantenemos una cierta distancia.

Una noche en La Glorieta, una milonga al aire libre en Belgrano, Buenos Aires, me abracé con un amable señor grande para bailarnos un tango. Al poco tiempo, me di cuenta que había algo en como él se paraba que no encajaba bien con la manera en la cual yo quería colocar mi espalda. Intenté alejarme un poco para crear el espacio que necesitaba para salir de los ochos por adelante que me marcaba, pero él me contrarrestaba los esfuerzos, apretándome más aún con el brazo derecho. Este juego duró un tango y ya no me sentía conforme de seguir así, así que le pedí lo que necesitaba: aflojar un poco el abrazo, por favor. Acompañé el pedido con una sonrisa: "Te prometo que no voy a hacer nada muy raro."

"¿Y no vas a salir corriendo?"

"Claro que no. Decidí bailar con vos y no me voy a ningún lado."

En vez de seguir peleando, pasamos el resto de la *tanda* jugando y bailando.

¿Por qué me estás pellizcando la mano?

Estoy enfrentándome con la ansiedad que me aporta lo negativo. Expresar cualquier cosa negativa, o mejor dicho, algo que a mí me parece negativo, me pone nerviosa, porque yo sé que mi aguijón de Escorpión es uno de mis puntos débiles. Son muchos años que he intentado consentir en los desacuerdos y evitar conflictos, pero esto generalmente me lleva al resentimiento, que es peor. Soy una obra en progreso.

La otra noche, estaba bailando con un hombre que me apretaba la mano derecha.[19] Es común, pero igual no muy cómodo. Entonces, intenté pedirle sutilmente el cambio que necesitaba, mostrándole, estirando los dedos hacia los costados y haciendo lugar para ellos antes de reacomodar el contacto con su mano. Una vez. Dos veces. Tres veces. Ni bien relajaba la mano, la apretaba de nuevo.

Charlamos entre tangos, pero yo me acuerdo poco de lo que hablamos, porque seguía molesta por el tema de la mano. Cuando arrancó el segundo tango, tomé lo que me parecía una estrategia más directa: le apreté la mano, también. Eso sí lo notó inmediatamente.

"¿Por qué me estás pellizcando la mano?" me preguntó, sorprendido.

"Vos me estabas apretando la mano y me dolía."

"¿Entonces te tomaste revancha?" Bueno, no lo había visto así, pero parece que era exactamente lo que estaba haciendo. "¿Por qué no me lo dijiste directamente?"

Empecé a explicarme, que había intentado comunicarme con gestos… pero me di cuenta que no importaba mucho. Obviamente, el mensaje que me había parecido muy claro

---

[19] el lado abierto del abrazo, donde se encuentran las manos

no lo fue para él. Supongo que dudaba en decírselo porque no sabía cómo lo hubiera tomado. En efecto lo que hice fue suponer que mi compañero no habría sido receptivo a mi solicitud verbal de aflojar la mano. Sin permitirle la oportunidad de decidir como reaccionar, presumí lo peor. Y cuando me enfrentó a mis métodos pasivo-agresivos, no tuve mucho para decir en mi defensa. Apretó menos en los siguientes dos tangos y terminamos la tanda en paz.

Es verdad que no todos los hombres van a tomar bien un comentario de que te duele la columna o que no puedes respirar o si podrían utilizar un poco menos de fuerza. Pero no hay mucha razón para no intentar – con una sonrisa y buena voluntad – comunicarle tus necesidades. Si no logran encontrar un punto intermedio o una modificación cómoda o tu compañero se enoja y se convierte en un monstruo que sopla fuego, puede ser mejor que no sigan bailando juntos, igual. No hay ningún motivo que justifique sufrir si te sientes incómoda o bailar con alguien a quien no le importa lo suficiente si estás bien para ajustarse según tus necesidades. La vida es demasiado corta.

Sé que no es tu intención lastimarme, pero...

Tuve una conversación con un amigo el otro día acerca de separar lo que alguien dice o hace de la intención con la cual lo hace – separando la acción de la intención. O, más bien, cuando analizas una acción, deberías considerar la intención con la cual se produjo. Así que, si sabes las circunstancias que rodean, por ejemplo, a un comentario ofensivo o irrespetuoso, no deberías enojarte tanto.

Aunque estoy de acuerdo que hay una diferencia entre insultar a alguien con la intención de herirlo e insultar a alguien sin la intención de hacerlo o porque esto es todo lo que sabes hacer, llega un momento en el cual tienes que asumir la responsabilidad no solamente por la intención, sino también por cómo la transmites y las consecuencias que provoca. Interacciones sanas entre las personas tienen límites auténticos y sanos. Entiendo que estás pasando un mal momento, pero si no levantas la cabeza cuando caminas y me chocas, igual me duele.

En el caso del abrazo de tango, hacemos de cuenta que las intenciones son buenas (si no, tenemos otra clase de problema). Aun con las mejores intenciones, si alguien encorva la espalda mientras me aprieta la columna hacia él de una manera que me hace contorsionar el cuerpo o me causa dolor en la espalda o el cuello (y la cascada de otros efectos que esto conlleva), no es aceptable. Esto es maltrato y una falta de respeto por el cuerpo del otro, sabiendo o sin saber. Nadie va a la milonga para lastimar gente (por lo menos, no en estos tiempos – ya que no hay más *arma blanca, malevos* y *guapos*), así como nadie va a la milonga para sufrir.

Una tanda, me sentía incómoda y con aprensión pedí al hombre con quien estaba bailando si podía utilizar un poco menos de fuerza, por favor. Me asombró su respuesta: Me agradeció, diciendo, "Cualquier hombre que no lo quiera escuchar es un pelotudo y no debería bailar con vos."

Sólo porque alguien no tiene la intención de hacerte daño, no significa que no te duele. Cuando dejamos de justificar el dolor o poner el orgullo en primer término, podemos ocuparnos del problema: me duele, no porque me quieres lastimar, pero sin embargo siento dolor. No es una crítica hacia ti, es una declaración que tiene que ver conmigo y mis necesidades. No tiene que ver con comprobar quién tiene razón y quién no la tiene; se trata de encontrar una manera de hacer que la relación nos resulte cómoda a los dos.

Bailando al Compás de Nuestras Almas

La rubiecita

Estaba trabajando mucho mi postura en el rol de hombre, buscando no invadir el espacio de mi compañera en el abrazo con mi brazo izquierdo (del lado abierto). Pero cuando se acabó el tango, me dijo, "Siento que tu brazo me queda muy lejos, que necesito estirarme mucho para alcanzarlo." No solamente me sorprendió escuchar esto, sino que ya me surgían unos cuantos motivos por los cuales ella podía sentir mi brazo alejado – su cabeza sobresaliendo hacia adelante, su brazo derecho retirado hacia atrás con el codo hacia abajo, el hecho de que no estaba enfrentada conmigo…

Mientras estaba ahí parada componiendo mi respuesta, me di cuenta que ninguno de estos elementos supuestamente técnicamente correctos importaba. La verdad es que cada persona con quien bailo es diferente. Si le hace sentir más cómoda si yo dejo que se adelante mi brazo izquierdo, debería adaptarme a su estructura, tal como ella tiene que hacer con la mía, para poder llegar a un acuerdo mutuo y formar una sola entidad por la duración de los tangos que bailemos. Mi tarea es hacer sentir bien a mi compañera, y esto suplanta cualquier librito.

Bailamos con gente, no modelos teóricos. La clave es desarrollar la habilidad de percibir lo que cada uno necesita de ti y aprender a adaptarte a la realidad que te brinda cada compañero, porque cada persona y cada tango que bailamos con cada persona, es diferente.

Moviéndome a su Compás

Colgada de su cuello, sus manos en mi cadera, nos mecíamos de un lado a otro.[20] Era obvio que el compás no era el mismo en sus oídos que en los míos.

Y en algún momento, decidí que si él se movía con un ritmo un poco distinto al que yo escuchaba, no me importaba tanto. Si podía lograr moverme a su ritmo, si podía respirar con él y armonizarme con él, estar con él era más importante que la lucha de quien tiene razón y quien no o de forzarnos a marchar a cualquier otro compás. A veces nos enredamos tanto en lo que "debería" ser, en seguir los esquemas de la sociedad, en nuestros planes, en lo que piensan los demás, que perdemos de vista la belleza de lo que hay. Olvidamos la importancia de realmente escucharnos uno al otro y empezamos a hablar "a" en vez de "con" nuestra pareja. El compás = lo que "debería" ser, y la sensación de nuestros cuerpos meciéndose de un lado al otro = lo que es.

Si no respeto a la persona con quien estoy bailando lo suficiente para priorizar sus necesidades antes que la música y el compás, ¿por qué estoy bailando con él, entonces? A veces lo único que importa es sentir dónde está tu compañero y hacerlo sentir donde estás tú. Muévanse como uno y encontrarán una manera de avanzar desde ahí, abrazando a la realidad de lo que aporta cada uno a la situación.

Así que cuando noto que me estoy confundiendo las prioridades y poniéndome nerviosa por respetar el tiempo de la música, me recuerdo que si no estoy conectada con mi compañero, estoy bailando sola, a mi compás o algún otro compás, pero sola.

---

[20] Aunque no era tango, el trabajo de la conexión me dio otra mirada en este baile, también.

Lo estrecho entre mis brazos un poco más, y respiro para sincronizarme con él. Busco coincidir con las ondulaciones de su cuerpo, y bailamos al compás de nuestras almas.

Cualquiera puede bailar con un bailarín muy avanzado

Después de una de sus clases de técnica que da los miércoles, Anita Postorino me dijo, "Cualquiera puede bailar con un bailarín más avanzado"; pero no cualquiera puede bailar con uno que no baila tanto como uno. Te obliga a compensar, tener paciencia y escuchar con mucha atención. Y tienes que acordarte que los detalles que te parecen sencillos (ahora que ya los estás practicando hace tiempo) a otro pueden resultar más fáciles decir que hacer.

Es fácil notar los puntos débiles de tu compañero – se inclina demasiado y me empuja hacia los talones, no me deja el espacio suficiente para entrar en el ocho adelante, no lava los platos, no saca la basura, no hace así, no hace asá – pero cuesta mucho más observarse a uno mismo. En vez de frustrarme porque un hombre no me baila como otro, puedo ser más proactiva. Si no me hace un espacio suficiente, le puedo mostrar con delicadeza en donde es que me hace falta. Si lo dejo llevar mi peso hacia los talones, lo empujo un poquito para volverme a los metatarsos. Dile donde estás, pídele lo que necesitas. No es justo echarle toda la responsabilidad a una sola persona. Dale una oportunidad. No lo des por perdido.

Cualquiera puede bailar con un bailarín experto porque una no tiene que compensar o acomodar mucho. Aprender a mantener la humildad mientras te adaptas y, con paciencia, te entregas es más difícil. Tener paciencia no es fácil – con los demás y más aún, puede ser, con uno mismo.

Baila para el otro

Se siente cuando tu compañero baila para ti, cuando te escucha y espera hasta que estás lista para el próximo paso en vez de hacerte correr o adelantarse, cuando ella presta atención a lo que le quieres decir, cuando tú tienes prioridad sobre sus últimos adornos.[21] Se nota cuando tu pareja se fija tanto en si mismo que tú quedas en segundo plano. Se siente la diferencia cuando tu compañero baila para ti o para los que miran, cuando su comportamiento tiene que ver más con la apariencia que con como tú te sientes.

Olga Besio observa que, "Muchos hombres están mirando para afuera. No esperan a la mujer y les queda en la axila." Trata de ser consciente de dónde está tu compañera y de que necesita de ti. Presta atención a su eje; dale tiempo para terminar cada movimiento antes de invitarla a hacer el próximo paso. Ella se sentirá más cómoda, y como su eje forma parte del eje que comparten (del cuadrúpedo), te vas a sentir mejor, también. "Si vamos a bailar," Olga Besio sugiere decir a los hombres, "bailás conmigo."

En el tango, pedimos mucho uno del otro. Pides a tu compañera inclinarse hacia ti y confiar en que vas a estar para contenerla. Cuanto más estable y más constante eres, más segura se sentirá. Si estás solo, puedes caerte, limpiarte y seguir como si nada, pero en una pareja ya no tiene que ver solamente con cuanto resistente eres y la rapidez con la cual te recuperas. Tiene que ver con los dos. Si te caes, te arriesgas a decepcionar a tu compañera. Una unión trae beneficios, pero también trae más responsabilidades y más motivación para cuidarse. Significa que si te dejas desarmar, afectará a tu pareja, también. Trabajan juntos para moverse juntos; no importa quien llega primero.

---

[21] adornos – toques estilísticos que uno puede agregar al baile

Valora a tu Compañero

Saber como se siente hacer lo que estás pidiendo a tu compañero te puede ayudar a tener más empatía y más paciencia con tu pareja. Te puede ayudar a ser más sensible al proponer y tener más presencia en el aceptar. Ponte en el lugar del otro: ¿Qué es lo que ella necesita de ti para realizar lo que estás proponiendo? ¿Cómo se siente caminar para atrás y confiar que otra persona se ocupa de que nada malo te pase? ¿Cómo se siente tener la responsabilidad de proteger a tu compañera y hacerla sentir cómoda y entretenida a la vez? ¿Cómo se siente bailar contigo?

Relajarse También es un Trabajo

Si tienes mucha experiencia en algo, puede ser fácil olvidar como te fue cuando estabas recién empezando. Los problemas que son grandes para otro te parecen chicos ahora que tú ya sabes lo que sabes, pero el aprender e incorporar conceptos nuevos al cuerpo es un proceso gradual. Te frustras con alguien que ya se está esforzando mucho, quemándose los cables tratando de acordarse toda la lista entera de las muchas cosas que tiene que trabajar, todo a la vez.

Y es normal – para ambos – chocar en esta situación. La persona con más experiencia se frustra porque le parece que no le está pidiendo mucho a su compañera, mientras la persona menos experimentada siente que aunque está poniéndole mucha voluntad y trabajando duro, todavía no alcanza.

Los problemas entre dos personas nunca corren en una sola dirección. La culpa nunca es exclusivamente de uno sólo, aun si ya "lo tienes claro," aun si tú eres quien "enseña." Cuando abordamos los problemas desde el ángulo de quien tiene razón y quien no la tiene, nos perdemos lo esencial: que la colaboración requiere dos personas y que nosotros tenemos un problema para resolver, juntos.

Mantengan la perspectiva. La persona con menos experiencia puede seguir buscando estrategias para trabajar la dificultad, mientras que la persona con más habilidad debería tener en cuenta que los cambios toman tiempo.

Hasta el relajarse, que suena fácil, requiere un esfuerzo. Si lo que buscas de tu compañero es que se relaje, piensa en lo que puedes hacer en tu cuerpo para ayudarlo. Dependiendo del contexto, pregúntale a tu pareja que es lo que necesita, o trata de percibirlo, prestando atención a los momentos en los cuales la sientes tensionarse más. Respira, trata de relajarte más tú – puede ser contagioso – y acuérdate que relajarse también es un trabajo.

Haz Que Él Se Sienta Bien

Masculinidad. Protección. Honor.[22]

Déjalo tomar algunas decisiones, manejar la situación. El hombre es la cabeza, y la mujer el cuello. Y ¿por qué no? Se necesitan los dos para funcionar. Así que deja a tu hombre tomar algunas decisiones, que maneje – anímalo a tomar la iniciativa y dale tiempo. Trata de entender que es lo que él quiere lograr y busca maneras de apoyarle en el asunto; fortalece su confianza.

Y hazlo con toda la sutileza posible. A todos nos gusta celebrar los logros, nos gusta triunfar. Y nos gusta mucho más cuando sentimos que lo logramos por nuestra cuenta, que lo merecemos. ¿Para qué hacerlo muy obvio, para que hacer saber que estás trabajando mucho? Dale un pequeño impulso y deja que siga desde ahí.

"No nos sirve, mujeres, hacer que el hombre quede mal. Hay que hacer que el hombre quede bien," dice Anita Postorino. Haz que quede bien y que se sienta bien, no bailes solamente para ti, baila para él también, para esa persona que buscó tu abrazo. Cuanto mejor lo haces sentir a él, tanto mejor se va a sentir bailando contigo y tanto más lo disfrutarás tú. Los mejores bailarines son los que hacen sentir al compañero que es un buen bailarín.

La otra noche bailó una pareja y la chica parecía que le pegaba cachetazos, hasta su trato con él entre tangos tenía un tinte violento. Se ve que quería lucirse, pero en el tango los dos tienen que lucir; es un baile de pareja. No sirve tirarlo para abajo a tu otra mitad para agrandarte. No tiene ningún sentido.

---

[22] Inspirado por: A Goddamn Tiger Who's Earned her Stripes, *Página de Facebook*, mayo 2013.

En una pista repleta de gente, asegura que en tu abrazo él encuentre consuelo

Cuando tu compañero está estresado por navegar una pista llena de gente que se está siempre transformando, ¿hay algo que puedes hacer para ayudarlo? Acuérdate que no sólo está buscando navegar la pista, pero también se enfoca en ti, la mujer en sus brazos y cómo brindarte una experiencia fantástica en la danza. Quédate tranquila y ten paciencia. Sé más atenta a sus cambios de dirección. Busca hacer su rol más fácil. Utiliza tu energía para consolarlo y hacerlo sentir que los pasos extravagantes no son tan importantes, y puede ser que encuentre más coraje para jugar.

Ahí es cuando puedes concentrar tu energía hacia adentro, a la danza interior – la danza en la intimidad del espacio que comparten sus cuerpos, con matices imperceptibles desde afuera – esa parte del baile que sucede solamente entre ustedes dos. Trabaja el "espacio interior"[23] y él va a sentir que lo que quieres de él es todo lo que es y lo que tiene para ofrecerte. Podrá relajarse y enfrentar a la adversidad y la turbulencia que los rodea con la seguridad de que entre ustedes dos hay una conexión. Sentirá que él también es tu foco, y esto en sí fortalece.

Cuando tu pareja está pasando por una etapa particularmente tumultuosa, intenta ayudarlo proveyendo la seguridad de un ancla conocida y constante. Contenelo. Hazle saber que el caos a su alrededor no tiene por qué invadir el espacio entre ustedes dos – el espacio interior. En medio de todas las incertidumbres de la vida o el caos de una pista abarrotada, déjalo encontrar consuelo en tu abrazo.

---

[23] La idea del espacio interior y exterior me fue presentada por Stefan Barth, marzo 2010.

La vida es mejor cuando las mujeres de mi vida son felices

Sentada en el bar de T.G.I. Friday's en el aeropuerto de Atlanta camino a Buenos Aires por la segunda vez, bebiendo a sorbos una de mis queridas "Mudslides"[24] (tenemos una historia especial en la que figuran Spiderman y Filadelfia y la UW[25] con las chicas), termino de alguna manera inmersa en una conversación con el hombre de al lado mío. Me cuenta que hace cosas por su mujer, como hacer de barman para ella y sus amigas cuando se juntan para una noche de mujeres. Dice que lo hace con gusto, porque "la vida es mejor cuando mi esposa y las mujeres de mi vida son felices."

Todos somos más felices cuando todos somos más felices, porque la felicidad es contagiosa. No te preocupes por los pasos. Busca hacerla feliz, aunque sea sólo por unos tanguitos. Hazla sentirse la reina que es, que estar en su presencia es un honor. Si ella siente que está bailando bien, lo vas a percibir en sus movimientos y van a poder jugar más juntos.

---

[24] un trago de Kahlua, Vodka con sabor a vainilla, helado de vainilla con una salsa de chocolate y trocitos de chocolate
[25] la Universidad de Washington en Seattle

Su confianza en mí me dio confianza en mí misma

Había bailado por menos de un año cuando mi amigo Alan Forte me invitó a hacer una presentación con él en una milonga chiquita en Villa Urquiza. Mi respuesta al primer impulso fue "sí," pero cuando empezamos a ensayar me superaron los nervios. Le pregunté varias veces si estaba seguro – podía cambiar de pareja; no me iba a enojar.

No, no, y al final me preguntó, ¿No confías en mí?

Me agarró desprevenida eso: ¡Claro que confío en vos!

Bueno, yo te elegí y no voy a cambiar de compañera.

Guau. Toda la ansiedad que sentía conmigo misma desapareció. La confianza que tenía Alan en mí me dio confianza en mí también.

El Miedo Paraliza

Si no es que te estás rebelando por rabia e intentando furiosamente demostrar que alguien está equivocado, el miedo paraliza. No me gustaría generar o estar rodeada por este tipo de energía. En vez de resaltar todos los defectos (y siempre habrá algunos), intenta dar sugerencias constructivas y celebrar los aspectos positivos. Refuerza su autoestima y vas a ver que florecerá.

Cuando uno se siente bien consigo mismo, todo le sale mejor. Cuanto menos vergonzoso se siente una persona, menos inhibido se comporta. A veces sólo hace falta creer que puedes hacer algo, y ya tienes la mitad del camino recorrido. Aprovecha sus virtudes, hazla sentirse bien – el objetivo no es mostrarle a tu compañero que sabes más que él; sino que el objetivo es conectarse.

La positividad te lleva lejos

Un hombre me sacó a bailar y cuando empezó a arrastrar los pies de un lado a otro, intenté sonsacarle movimientos más definidos, para poder acompañarlo mejor. En el segundo tango parecía ganar más confianza y en el tercero, noté que en algunas secuencias, sus movimientos se sentían más claros. Me acordé que Rodolfo Dinzel siempre se enfoca en los aspectos positivos del baile de sus alumnos y que lindo que se siente cuando alguien me halaga el baile. Estaba muy contenta de haber encontrado algo para halagar a mi compañero.

Cuando terminamos de bailar, le dije que podía percibir la importancia que le daba a algunas secuencias y que se sentía muy lindo.

Su cara se iluminó. Que herramienta potente que es la positividad. Al separarnos, sentía una energía distinta.

Hablar sin Palabras

Un Lenguaje Nuevo

Después del primer taller de Introducción al Tango que di el 6 de junio de 2010, una de las personas asistentes comentó:

"Disfrutamos los ejercicios de conexión al principio. Conectarnos estando más cerca, curiosamente, fue más difícil que estando más alejados."

Mi respuesta:

El tango es aprender a hablar sin palabras, aprendiendo a comunicar con nuestros cuerpos de una manera a la cual muchos de nosotros no estamos acostumbrados. Como cualquier lenguaje nuevo, cuando apenas empezamos a hablar, puede pasar sentirnos un poco torpes; elegimos con mucho cuidado las palabras que utilizamos para expresar nuestras ideas mientras intentamos armar oraciones coherentes. Pero esta prudencia para no tergiversar nuestros pensamientos nos puede impedir la comunicación. Mientras vamos desarrollando la capacidad de comunicar en este nuevo lenguaje, se siente más y más cómodo y caminar abrazándonos más cerca se vuelve más fluido. Al incorporar en nuestros cuerpos poco a poco esta manera de trasmitir señales, se vuelve más fácil hablar sin palabras.

Lo que piensan los hombres

Acá les cuento el gran secreto: nosotras, las mujeres, podemos pensar que sabemos lo que están pensando ustedes, podemos analizar y adivinar, pero la verdad es que no lo sabemos. No sabemos si tenías la intención de llamar pero te consumiste con algo en tu laburo, si me extrañas, si me quieres ver; no sabemos hasta que haces algo para evidenciarlo. Y cada vez que empiezo a intentar leerle la mente a alguien – lo llamo ponerme en "su" lugar – me tengo que acordar que no lo puedo hacer. Lo que se ve es lo que hay.

Y no está mal eso: no precisamos saber todo lo que te pasa por la cabeza – te quita la decisión autónoma de decir lo que tienes en mente y hacer saber tus intenciones. Acorta la intriga y la seducción de la sorpresa. Que lindo que es cuando un hombre toma la iniciativa.

Como no podemos leerte la mente, no sabemos lo que quieres hasta que lo pides, hasta que lo haces, hasta que nos invitas a acompañarte. Hasta que no marcas el ocho hacia adelante, no sabemos que esto lo que quieres. Y hasta que lo indicas, tienes toda la libertad de cambiar de rumbo.

Así que si algo no te sale tal como lo planeaste, no te hagas la cabeza. Parte de la actitud del tanguero canchero es un juego de auto-confianza. Aun si no estás muy seguro, desempeña el papel. Decide y comprométete con cada movimiento. Agrega algunas pausas dramáticas. Visualiza alcanzar la meta y ya estás a medio camino.

Y si cometes un "error,"[26] a menos que pises a tu compañera, vuelques una mesa o atropelles a alguien, haz como si eso era lo querías hacer. Nadie sabe lo que estás pensando, y nosotras no podemos leer tu mente. Fíngelo hasta que lo logres.[27]

---

[26] ¿Cómo puede haber "errores" en un baile improvisado, de todos modos?

[27] Marisa Mancke nos dice esto para motivarnos en su clase de aeróbic step.

El Tango es una conversación

En el tango nos hablamos. Es un diálogo (*di* = "dos") al cual contribuyen ambas personas. "50-50," dice Eric Dinzel, refiriéndose al método de sus padres, el *Método Dinzel*.[28] Aun si no estás hablando tú, eres presente, escuchando y asintiendo con la cabeza. Siendo un oyente activo aseguras que la conversación no sea un monólogo.

Cómo participas es diferente en cada conversación. Olga Besio explica mientras charlamos, "A veces quieres proponer más, a veces quieres obedecer más." Un día puede ser que tienes ganas de hablar mucho, otro día tienes ganas de escuchar y sazonar lo que te dice su cuerpo. Tu baile es distinto según con quién bailas y cómo te sientes en cada momento. Así como no tendrías la misma conversación con tu amante que con un niño o un compañero de trabajo, no tiene sentido tener la misma conversación con cada persona con quien bailas.

Puede ser que encuentres gente a quienes les encanta hablar, personas a quienes no les gusta que los interrumpan. Se entretienen tanto con su propia conversación que podrías irte y seguirían hablando igual. Esta gente tiene una idea de conversar que es más parecida a un monólogo. A mí, personalmente, me gusta participar de manera activa en la mayoría de las conversaciones que tengo. Pero de vez en cuando, me cruzo con una persona a quien le gusta escucharse hablar y si es elocuente y su discurso me resulta muy emotivo, me quedo y escucho, porque puede ser que aprenda algo y porque de vez en cuando, es lindo. Cuando me parece que he oído todo lo que tiene para decir o todo lo que quiero escuchar, buscaré otra situación en la cual yo también tenga la oportunidad de compartir.

---

[28] *El Método Dinzel* de Gloria y Rodolfo Dinzel

Y luego hay estos casos poco comunes en los cuales se entienden tan bien que pueden terminarse las frases, construir ideas juntos, elaborar los pensamientos uno al otro y no siempre queda muy claro quién es el que inició qué, pero saben que están hablando y escuchando y siendo escuchados. El tango es una conversación, no solamente la convencional tú-hablas-y-yo-escucho tipo de conversación; tango puede ser una conversación en la cual no hace falta que ninguno de los dos diga nada, pero de alguna manera se comprenden, en la cual se sienten tan cómodos que hasta pueden convivir los silencios juntos.[29] Este es el tipo de conversación que el tango puede llegar a ser.

---

[29] Inspirado por una conversación con Collin Christopher, 13 mayo 2011.

Escucha, Espera: La Paciencia es una Virtud

Escuchar significa tener paciencia suficiente para esperar y oír lo que alguien tiene para decir. Esto significa que aun si crees que ya sabes lo que te contará, de todos modos esperas para asegurarte. Porque tener una conversación con alguien que cada vez que intentas decir algo presume que ya sabe lo que vas a decir y te interrumpe, puede llegar a ser medio frustrante. No es realmente una conversación si no tienes la oportunidad de hablar. Y tampoco es una conversación si no escuchas. Por lo tanto, escucha, espera: la paciencia es una virtud.

Si hablas mucho en el tango pero olvidas escuchar o anticipas y supones cosas que tu pareja no ha dicho, te costará más cultivar la sensibilidad requerida para entender sus propuestas y percibir las sutilezas de su forma de articular ideas; te costará más entender lo que tu pareja te pide o lo que necesita de ti. Peor aún, corres el riesgo de fosilizar tu danza, desarrollando "defaults" (estándares predeterminadas, respuestas por defecto) – haciendo las mismas secuencias del mismo modo una y otra vez como un robot, impidiéndote la capacidad de aprovechar las oportunidades inesperadas de co-crear nuevos movimientos espontáneamente. Es como cuando te arraigas tanto en una rutina que empiezas a vivir en automático, sin siquiera registrar la vida. Doblas a la misma derecha en el mismo semáforo de todos los días y de repente te encuentras estacionando el auto en frente de tu casa.

Y la verdad es que no hay por qué apurar el uno al otro. Ten paciencia. No es una carrera para llegar al final de la frase. Cada palabra tiene valor. No hay nada malo en pausar, reorganizarse, cambiar el peso un par de veces para verificar dónde está tu compañera y asegurarte de que coinciden en la misma sintonía. Es un juego continuo de ajustarse a la persona a quien estás abrazando, y eso requiere un oído bien afinado.

Al desarrollar una conexión más consistente, más fluida, podremos hasta interpolar cosas a mitad de la frase o agregar tangentes que, en vez de perturbar el flujo de la conversación, la enriquecen. Si nuestra intención es apurarnos para terminar cada frase y tacharla de la lista de quehaceres, nos perderemos estas ocasiones para aportar textura y sello al baile y vivir nuestras conversaciones.

Las Mujeres son de Venus

Lo que quieren las mujeres es un misterio que muchos hombres desearían resolver. Es cierto que a veces parece que hablamos lenguajes diferentes. Pero al fin y al cabo, todos simplemente buscamos la felicidad.

En el tango, hablamos con el cuerpo, y este es un lenguaje que todos podemos entender. Si escuchas con mucha atención, notarás que ella te está mostrando lo que le gusta y pidiendo lo que necesita de ti. Si escuchas su cuerpo mientras te habla, sabrás exactamente lo que quiere.

No seas tan puntilloso acerca de las palabras embrolladas que se tiran entre ustedes. A veces las palabras se quedan cortas, y tenemos que recurrir a los abrazos.

Tacos Altos e Hipopótamos Amarillos

"Las mujeres no son bebés," dice Marcelo "El Chino" Gutiérrez

Ni muñecas, diría yo.

"Son adultos y pueden tomar decisiones por su cuenta," dice Marcelo, "No necesitan tu ayuda, sólo tu respeto."

Imagina que si se te ocurriera salir a tomar algo, le agarraras la mano y la arrastraras hasta el restaurante. Es poco probable que se quedara mucho más que el tiempo suficiente para encontrar la primera salida de emergencia y darse a la fuga. Invítala a ir, y deja que ella elija caminar contigo. No hace falta "ayudarla."

Un problema grande es que se suele enseñar que "todo es culpa del hombre." No es verdad – es una colaboración de pareja. Esta mentalidad niega la responsabilidad y la presencia de la compañera. También genera mucha presión sobre los hombres para *hacer* que salgan las cosas. En el baile, tal como en una relación de cualquier tipo, esto puede crear problemas de excesivo esfuerzo y tensión. Es injusto y contraproducente al objetivo de vínculo que una sola persona sea responsable por la comunicación, la intimidad, la musicalidad, etcétera.

Sí, porque siendo el hombre[30] por lo general estás enfrentando cuestiones de conducción y porque tu compañera se entrega en tus brazos, sería buena idea asegurarte de que no se lastime y evitar chocarla con las mesas. Pero cuidarla llega hasta ahí. No precisa que hagas los movimientos por ella o que la lleves upa por la pista de baile como una bolsa de papas (suena ridículo, pero me ha pasado un par de veces).

A veces queremos ayudar a alguien tanto que terminamos haciendo las tareas por esa persona. Tenemos cuatro piernas en el tango, pero se mueven juntas como un solo ser, solamente si las dos personas colaboran en el asunto. Busca ser lo más claro que puedas en lo que le pides, y confía en que ella intentará todo lo que pueda para entenderte y encontrarte en un punto medio. Una pareja requiere dos.

---

[30] Mi uso de **géneros específicos** es sólo para facilitar la lectura, y no es para nada una negación del hecho de que tanto mujeres como hombres intercambian los roles en la danza y de que a veces ni importa quién propone a quién porque simplemente fluye. Por lo general, en este libro los géneros se pueden intercambiar como uno quiera. Les invito a sustituir lo que encaje mejor para ustedes.

Autos y Mujeres

He escuchado a hombres comparar a las mujeres en el tango con autos. Algunas son suaves y fáciles de manejar, como una Ferrari, mientras otras son más parecidas a una Combi vieja y hay que pisarlas un poco más fuerte para que se muevan. Por tanto que me encanta esta analogía, resalta un punto importante: no todas las mujeres responden del mismo modo. Por lo tanto caballeros, tómense un poco de tiempo para conocer cómo se maneja cada auto. Calienten el motor, arranquen lentamente y sáquenla para una prueba de manejo. Y si se encuentran con una Maserati en sus brazos o un BMW que responde fácilmente, por favor, por favor, no le tironeen bruscamente los cambios y no pisoteen los pedales como si fuera mi viejo monovolumen Toyota Tercel del 1983 con la raya azul de auto de carrera – es simplemente innecesario y puede hacerle daño al vehículo.

*Aviso al conductor *

Y ojo: ¡Las mujeres no son autitos chocadores!

Por favor, No te equivoques: Tus apretujones no son lo que me da ganas de quedarme

No te equivoques: tus apretujones no son lo que me hacen quedarme. No hay ninguna cantidad de fuerza que haría que me quede. Sólo quiero abrazarte y compartir estos tangos contigo, así que acéptalo y afloja con toda esa fuerza. Por favor.

"El tango es una caricia a la mujer," me dijo El Chino Perico. Trata de abrazarse y hacerse sentir bien uno a otro.

El tango no debería requerir fuerza. Si "necesitas" utilizar fuerza…

1)   estás pidiendo algo a tu compañera que ella no entiende, por lo cual no sabe que hacer. Es tu responsabilidad buscar una manera más clara de pedirlo con tu cuerpo. Te está escuchando, te está prestando atención, tienes un público cautivo – ¿para qué gritar?

2) tu postura o tu relación con tu compañera le está bloqueando el movimiento que le estás proponiendo y aplicar fuerza generalmente complica la situación más aún. Cuando dejas de tratar de hacerla hacer cosas, el enfoque cambia: en vez de fijarte en lo que tu pareja no te está dando, puedes ver lo que tú puedes aportar a la situación.

3) capaz que estás tratando de "protegerla"; el proteger no debería doler.

4) estás bailando para ti mismo; baila para ella. Puede ser que sus tiempos sean distintos a los tuyos. Encuéntrala en

donde esté en vez de intentar forzarla a estar en donde tú
crees que debería estar.

Así como no puedes meter una estaca cuadrada en un
agujero redondo – como dice mi amigo Peter, cualquier
cosa en la vida que requiera demasiada fuerza indica que
algo está mal. Punto.

Calibra

Calibra la pareja. Calienta el auto un poquito. Controla los fluidos, los engranajes, las ruedas – verifica que todas las partes estén bien alineadas. Revisa la máquina antes de sacarla del garaje y ¡por supuesto antes de incorporarla a la autopista o meterla en una carrera de alta velocidad!

Cada persona con quien bailas te va a requerir un poco de ajuste. Como afinar un contrabajo o una guitarra, nos afinamos para armonizar entre nosotros. A veces encajamos justo en el primer encuentro; a veces la conexión es instantánea. Pero en la mayoría de los casos, tenemos que tomar un poco de tiempo para conocernos mejor. Se ve que las costumbres y las galanterías del cortejo sirven a un propósito.

Bajá un cambio. Despacito. La paciencia rinde. Percibe donde está tu compañera, familiarícense uno con otro. Y eso se refiere a ambos componentes del abrazo. Caballeros, hacela sentirse segura en tus brazos y ¡te asombrará hasta donde llegas (en la pista de baile)! Y damitas, ten paciencia a él y a ti misma. No le sueltes encima tu tigresa interior en el primer paso – lo puede asustar. Toma el tiempo para conocer su marca antes de cegarlo con todos tus últimos adornos deslumbrantes. Siendo conscientes uno del otro y estableciendo una conexión, van a lograr mucho más juntos que bailando tango cada uno por separado.

El tango es como el sexo

Cuando es bueno,
  te llega al alma,
  lo sentís en todo tu ser.

Pero cuando es malo,
  cuando es torpe,
  y no sentís una conexión,
  casi no lo podés aguantar
  y lo único que querés
  es que se acabe el momento.

Tango is like sex

When it's good,
  you get a rush,
  a feeling deep inside your core;
  it touches your soul, your essence.

But when it's bad,
  when it's awkward and clumsy,
  and you don't feel a connection,
  it's nearly unbearable
  and you can't wait for it to end.

Relájate un poco. Empieza lento, con calma; desarrolla la conexión. "Enchúfate." Una vez que tienes esto y mientras la mantienes, no hay límites. Haz todo lo que quieras, pero no te olvides de llevar a tu compañero contigo – hazlo *con* ella. La diferencia es insoportablemente clara.

La Hipopótama Amarilla: Presencia de Mujer

Un hombre me dijo que con algunas mujeres siente su presencia, mientras con otras parece que casi ni están. Es un tema al cual creo que muchas mujeres se enfrentan, en el tango y en la vida. Nos transmiten tantos mensajes contradictorios sobre cómo se debería comportarse una dama: liviana y elegante, fuerte pero delicada, segura y a la vez discreta. Hay tantas indicaciones sobre cómo se debería manejar una mujer – que tratan de su estado físico, emocional y su presencia intelectual – que una puede perderse fácilmente. Terminamos caminando por una cuerda floja, buscando ser presente, y a la vez livianita como una pluma.

Con todos estos complejos sociales, no debería sorprender que cuando se les pide de apoyarse contra un hombre en pleno público y caminar por la pista de baile, la inclinación de muchas mujeres es de intentar hacerse la más liviana y la más desapercibida posible. ¡Con razón muchas mujeres terminan sintiéndose un gran hipopótamo amarillo! Parece que todos las están mirando y que son tan inmensas y torpes y tan llamativas (sin importar su contextura). ¿Pero quién dice que una hipopótama amarilla no puede moverse con gracia y elegancia? Y si una hipopótama amarilla se puede comportar de una manera que sea sexy y sutil, presente y segura, ¡claro que podemos todas nosotras!

La tanguera[31] es una mujer auténtica. Puede ser ancha o baja o flaca o curvilínea, tener pies grandes, cadera y muslo. Lo importante es aprender a quererte a ti misma, aprender a querer hasta los aspectos que no te gustan de ti, comportarte con confianza.[32] Si te puedes aceptar y encontrar en donde estés, puedes transformar en virtudes lo

---

[31] *tanguera* – una mujer que baila tango
[32] Rodolfo Dinzel, 2010.

que ves como tus defectos.[33] Todo tiene que ver con cómo te ves a ti misma.

No tengas miedo de entrelazar tu compañero entre tus brazos, no tengas miedo de compartirte con él. Abrázalo para que sienta tu presencia, y compórtate con desenvoltura. Eres una mujer real, aun si te sientes una hipopótama amarilla.

---

[33] Inspirado por un mensaje de Karina Louro, mayo 2011.

mujer moderna

En el tango la mujer no tiene que hacer todo sola. Y es más que aceptable; es lo que se espera.

Hay mucha presión social sobre tanto los hombres como las mujeres a independizarse. Es tan fuerte el tirón hacia la individualidad que nos puede costar saber como actuar cuando nos encontramos en una situación en la cual no tenemos que pararnos solos. Por la fuerza que nos atrae hacia adentro, nos repelemos hacia afuera. Cuando la sensación se intensifica, nos alejamos.

Fuerte e independiente soy, y estoy orgullosa de serlo. Pero ¿me construyo un castillo fuerte para protegerme de los riesgos de confiar? Si nos relacionamos con nuestro entorno con guantes de goma y gafas de seguridad, ¿estamos realmente viviéndolo? ¿Vale la pena protegernos del dolor al costo del sentir?

Cuando nos abrazamos para bailar, tenemos que elegir ser presentes. A lo mejor es justo este elemento de poder elegir que nos desafía y a su vez nos da poder. Optar por no hacer todo sola no es una indicación de debilidad. Aprender a colaborar no requiere disminuirte, no te hace menos independiente y no te hace menos mujer. Déjalo abrir el frasco de pickles, hazle un espacio en tu vida, confía, salta, porque sin intentar, estarás independiente y sola. No hace falta perderte para conectarte con otra persona. Vincularse con otro no te hace menos – juntos, pueden ser más.

Cuanto más alto el taco…

Chicas, si bailan tango, saben que lo de los hombres y el abrazo es todo muy lindo y encantador, pero más allá de eso, la verdadera atracción al tango para muchas de nosotras que somos pendientes de la moda es el taco alto. Hay tantas variedades mareantes de colores y estampados y estilos: con la flor, sin la flor, estampada de tigre, jirafa, taco de aguja de 9cm o 10cm, de todo tipo desde el ultra sexy negro hasta el dorado destellante, amarillo, rojo – todo lo que te puedas imaginar. Mujeres vienen a Buenos Aires y se van de una zapatería a otra en búsqueda del par perfecto de tacos… ¡o dos, o tres, o más!

Pero de veras, en un baile en el cual pasas tanto tiempo parada en un solo pie, arriesgando tu equilibrio por el hecho de compartirlo con otro, muy cerca a los deditos de sus pies (y los tuyos no quedan tan lejos tampoco), ¿Para qué complicaría una persona en su sano juicio esta hazaña atrevida calzándose unos tacos de 8 centímetros, elevando su centro de gravedad tanto más lejos de la Tierra querida que buscamos por seguridad y consuelo, mientras reza por no caerse?

En realidad existen motivos lógicos para subirse a un taco alto en favor de equilibrarse y caminar con elegancia, dos como uno.

En el tango, con frecuencia necesitamos tener el peso en el metatarso y los dedos del pie, como un felino, listas para lanzarnos o reaccionar con agilidad a cada una de las indicaciones de nuestro compañero. Es especialmente importante cuando pivoteas, porque si tu taco está en contacto con el piso, no giras en un solo punto. De hecho, no hace falta levantar el talón mucho[34] – sólo lo suficiente para poder pivotear. No tiene que ver tanto con la altura del taco, sino con cómo trabajas el piso. Es por eso que se puede bailar tango en zapatos planos o en tacos de 9 centímetros levantando sólo apenas los talones del suelo. Y es por eso que puedo flotar en mis mágicas botas beige (las que me gustan combinar con negro, Horacio) y sentir que estoy volando en mis tacos de 7,5 centímetros.

Más allá de la alta moda, se trata de comodidad. Dependiendo cuán lejos del piso te gusta levantar el talón, tenerlo ya elevado te puede facilitar el despegue. El taco alto te puede ayudar a evitar toda la gimnasia de levantar tanto el talón del piso cada vez que necesitas hacerlo. Si te gusta levantar el talón mucho cuando haces los pivotes, el taco alto también ayuda a mantener una relación horizontal constante con el piso que podría ser un poco más picadita por todos los sube y bajos sin él. Y si te gusta levantar el talón bastante e intentas evitar el viaje largo de bajar al piso, termina siendo mucho trabajo para tus piernas.

Sí que deberías estar lista para reaccionar rápidamente, pero eso no significa que no puedas colocar el taco en el piso nunca. Puedes utilizar el taco para descansar y para recibir peso cuando pisas. Puedes usarlo para conectarte más con el piso. Además lo puedes usar cuando modificas la calidad de movimiento que le das a los pies cuando se contactan con el piso y en tus adornos; puedes jugar con el taco. Puedes usarlo incluso para apuñalar la pareja de al lado haciendo los *boleos*[35] más altos que eres capaz de hacer, pero no lo recomendaría. El taco alto es una herramienta

---

[34] No hace falta levantar el talón mucho, especialmente si tu talón se levanta por consecuencia de que tengas el peso en los metatarsos y empujes el piso.

[35] *boleo* – un movimiento en el cual la pierna libre va girando alrededor tuyo o lineal y vuelve, por el piso o al aire

útil, un accesorio de alta moda y una responsabilidad social (y muchachos, si se encuentra en uno de tus cuatro patas, es en parte tu responsabilidad, también).

¿Hace falta ponerse los tacos para bailar un tango? No. Se puede bailar tango sin tacos altos, pero aunque podría parecer un poco absurdo sin la explicación anterior, los tacos en el tango (y las alturas varían tanto como las personas que los usan) sirven un propósito… y no es sólo porque son bonitos.

La Rosa: Como un Hilo Atado al Dedo

Ahora estoy bailando contigo...

Contenida en tu abrazo,
nuestros cuerpos entrelazados,
pisando juntos
por espacio y tiempo,
tiro una mirada detrás de tu hombro
y veo de reojo el destello
del próximo baile potencial,
de uno que me encantaría que me envuelva en sus brazos,
y empiezo a pensar en cómo se coordinarán los tiempos
entre nuestros bailes
y el próximo tango,
cuando posiblemente
me invite a bailar *él*...

Y aunque estoy
circundada por tus brazos
y te tengo a ti en los míos,
en mi mente
voy flotando más y más lejos de ti.

¿Pero qué pasa si aquel próximo baile potencial
nunca se realizara?
¿Si los tiempos no se coordinaran exactamente?
¿Si ya hubiera sacado a otra?
¿Si nos cruzamos

atravesando el umbral
de la habitación con la pista de madera?
¿Si se tiene que ir a algún lado?
¿Si otra persona que no había notado
termina sacándome a bailar?

Y mientras todo eso me está dando vueltas en la cabeza,
¿Qué pasa si la sensación
de tu cuerpo contra el mío,
tus brazos,
tu respiración y tus movimientos
– tu esencia
se me escapa?
O peor aún: que nunca realmente la aprecie;
O sea, ¿Qué pasa si nunca llego a apreciarte realmente a ti?

¿Y si mientras estoy preocupada con los pensamientos
de lo que pasará,
de lo que no pasará,
de lo que ya pasó,
no capto la belleza de lo que es,
de ese regalo que me estás ofreciendo
durante estos tres minutos de nuestra vida
que nunca se volverán a repetir,
que nunca se nos devolverán?

¿Qué pasa si entre la ansiedad por lo que podría ser
y el escrutinio de lo que fue,
me pierdo lo que *es*?
¿Qué pasa si entre la contemplación
del futuro que podría no cumplirse nunca
y el pasado que ya no hay forma de cambiar,
me pierdo vivir el presente?
¿Qué pasa si en vez de bailar contigo,

de sentir tus movimientos,
de leer tu cuerpo,
de conocer tu alma,
gasto mi energía
en algo que ni existe?

El último tango ya pasó.
El próximo tango aún no llegó.
Pero ahora,
en este momento,
reacomodo mi brazo extendido por el ancho de tu espalda
y respiro tu existencia.
Lleno los espacios que me creas,
invitaciones
a participar en nuestro diálogo
con mis pensamientos,
mis ideas,
mis emociones,
mi presencia.

En este momento,
ahora mismo,
hasta el *chan chan* marca el fin del tango,
hasta que nos soltamos los brazos,
estoy bailando contigo.

En el Momento

"Entre el remordimiento por el pasado y la angustia delante el futuro, sos vos," dice Rodolfo Dinzel. Intentando re-vivir el pasado o enganchándome mucho con los planes que tengo para el futuro, me encuentro perdiéndome el presente. Entre lo que era y lo que será, es; soy.

Es fácil enredarse con el pasado. Una vez que degustamos algo rico, podemos pasar toda la vida buscando encontrarlo otra vez. Después de bailar todo un tango entero en un cuadrado chiquito con mi amigo, jugando, quería otro más. La siguiente vez que nos vimos estaba muy ansiosa por recrear aquel tango, pero fue completamente distinto. En algún momento me di cuenta que la frustración por no haber encontrado aquel baile maravilloso de algunos días atrás me impedía gozar del tango actual que estábamos bailando. Aprecia lo que hay, porque esperando lo que no es, te perdés lo que es.

Y con respecto al futuro, puede pasar que nuestros planes se desarrollen de una manera diferente a la que anticipábamos, y está bien. En el 2010 decidí quedarme a vivir en Buenos Aires por un año entero. Algunos meses después, me di cuenta que este plan ya no tenía tanto sentido como me había parecido cuando lo había formado. ¿Por qué atarme a mis planes? ¿Para qué limitarme de acuerdo a la visión que tenía ayer si veo las cosas de otra manera hoy? ¿Para qué encasillarme? ¿No tiene más sentido ir ajustando mientras tanto el camino?

Si somos compuestos por la mayor parte de agua y nuestro planeta también, ¿por qué nos creamos y continuamos a perpetuar rigidez en nuestra sociedad y en la vida? Fluye y deja fluir. *Se hace lo que se puede con lo que hay*, y cualquier cosa demasiado rígida vale la pena volver a examinar. Vivir el presente – esta parte entre nuestro pasado y nuestro futuro – es tan liberador, porque en vez de estresarnos por la realidad que desearíamos tener, estamos trabajando con la realidad que en efecto tenemos.

El pasado es importante. Nos orienta y da forma a nuestro presente – eso se sintió lindo, eso sí me gustó, uh ¿podemos repetir aquello otra vez más, por favor? Pero el pasado no es el presente. Tener esperanzas por el futuro nos anima a seguir la marcha, pero la belleza de la vida se encuentra en cada momento que respiramos, cada oportunidad para sonreír, cada excusa que encontramos para soltar una risa desinhibida, con todas las ganas, sin pedir ninguna disculpa. Sueña grande, despliega tu imaginación, pero con la esperanza de alcanzar la luna, no te pierdas las margaritas que florecen a tus pies.[36]

Vivir en el momento significa preguntarse, ¿Qué posibilidades hay ahora mismo? ¿Y ahora? ¿Y ahora? Significa reevaluar y reajustar continuamente, en vez de ligarse obstinadamente a un plan que ya no tiene sentido. Lo hermoso es que puedes inventarte y reinventarte sobre la marcha. Haciendo esto, te afinas mejor con tu pareja, con la gente que te rodea, con tu presente y con ti mismo.

Entre el pasado y el futuro, está el presente, el momento; viví en el momento, bailá en el momento.

---

[36] *"In the hope of reaching the moon men fail to see the flowers that blossom at their feet.* – Esperando llegar a la luna los hombres no ven las flores que florecen a sus pies."* – Albert Schweitzer

Dos guitarras y un abrazo desconocido... ¡en el Subte!

Bajando por la escalera de metal que va desapareciendo delante de mis pies, hacia el aire estancado del subte, la melodía de un tango tocado por las cuerdas de dos guitarras me atraviesa el cuerpo. Busco monedas para los músicos. Echándolas en uno de sus estuches abiertos, respondo a su gesto de la cabeza diciendo, "Tengo muchas ganas de bailar. ¡Gracias!" Y al alcanzar la plataforma, mis pies ya no se pueden contener más; comienzan a acariciarla, dibujando firuletes y trazando líneas.

"¿Estás practicando?" pregunta la voz de un hombre.

"¿Bailás?"

"Sí."

Antes de que la palabra salga por sus labios, mi brazo izquierdo está estirándose alrededor de su espalda y el derecho se extiende para encontrar su izquierdo.

"¿Bailamos un tanguito?" pero en realidad no es una pregunta, ya que comenzamos una conversación en silencio de dos cuerpos caminando como uno, dos guitarras, un tango. El tango se termina y las luces del tren del Subte B se acercan, las puertas abren y el momento irreproducible se acaba.

Mi estatus de Facebook este día:

> ¡Qué suerte encontrar una persona justo en el momento que lo necesitás que te puede dar precisamente lo que precisás! ¡Y el hombre baila!

Curativo hasta el centro de tu Ser

Camino como si fuera un sueño, pensativa sin pensar en nada particular. Mis reflexiones son tan nubladas como mis andares. No siento el peso de mis pisadas contra las baldosas de las veredas armadas con retazos; no tengo un destino en particular. Una calma serena me envuelve mientras cruzo calles, miro por ventanas, admiro flores. Es la quietud que sigue a la tormenta.[37] Estoy sola con mis pensamientos y mi cuerpo anda sin mucho cálculo, sin rumbo.

Me muevo en cámara lenta y de alguna manera mis pies me llevan a la puerta de madera que conozco bien, por el pasillo largo, al patio donde hago los gestos habituales de saludar a la gente en el lugar que se ha convertido en mi refugio.[38] Con la energía particularmente baja este día, busco el camino a la barra colocada en la pared de enfrente y comienzo mis elongaciones, mi pequeño Zen, mi rutina de conectarme-con-mí-misma y meditar. La sala y los bailarines me giran entorno, en una frecuencia distinta.

Una palmadita en mi hombro. Es Miguel. De alguna manera siempre sabe. Y de alguna manera siento que la cáscara que resta de mí lo envuelve en los brazos mientras los suyos me contienen y su energía llena los huecos de lo que falta en mí. Así, con su presencia, soy capaz de darle cuatro o cinco tangos. Pongo todo de mí en estos tangos y cuando terminamos el último, no me queda nada más para dar. Me siento vacía, un vacío aliviador, un vacío listo para que se llene de cosas buenas, como después de hacer el amor y soltar todo, profundamente e intensamente toca-el-centro-de-tu-ser emocional.

Me siento en el piso embaldosado del patio, me apoyo contra la pared, cierro los ojos y espiro.

---

[37] Fallecieron mi Abuelo Carl en agosto y mi Abuela Caty en octubre del 2009.
[38] el Estudio Dinzel

Si...

2 noviembre 2009

Una amiga me preguntó cómo estoy y si he visto a un chico de quien le había comentado, y lo que estaba por escribirle era: "Cómo me encantaría pasar tiempo con este chico, pero..." PERO estoy diciéndome de vivir más en el momento, me acordé, y disfrutar el presente y parar de preocuparme por cuánto mejor sería SI... si tuviera un amante encantador, si encontrara el compañero perfecto para entrenar más intensivamente, si hiciera más calor afuera, si... ¡SI!

Lo que debería decir es que estoy bien, muy bien.
Ayer por la tarde llegué por fin al Barrio Chino acá en Buenos Aires, donde encontré empanadas *hum bao* (chinas) y mariscos – mariscos que supuestamente son los mejores en toda la ciudad y no son tan caros. A la noche fui a una milonga con Linda. Fue una noche de mucho movimiento porque era el cumple del dueño de Porteño y Bailarín y había presentaciones (incluyendo Alberto Podestá cantando) y torta y, obvio, baile. Me puse las medias red de ¾ que me regaló mi prima Maria cuando salí de Chişinău, y te juro que un hombre grande con una panza impresionante gritaba al hombre con quien estaba bailando de girarme otra vez ¡para que se me levante la falda! Y hoy fui a la tienda de las zapatillas de baile y me compré un par y mis pies están ¡ah, tan contentos!

Así que tengo que decir que estoy bien y estoy intentando apreciar los detalles de la vida y vivir en el presente. Ahora, si sólo...

Siempre hay tiempo para oler las rosas

Cuando un día me encontré pasando frente a una rosa y preguntándome cómo podría ser su perfume, tuve una conversación interna para justificar mi trayectoria ininterrumpida. Pero ya la había pasado y tenía que seguir para adelante. Pero parecería ridículo darme vuelta y retroceder para olerla, razoné conmigo.

Y fue entonces, en ese momento, escuchándome racionalizar el por qué no podía oler la rosa, que decidí que la próxima vez que pasara una rosa y esta pequeña voz dentro de mí se preguntara si huele rico, pararía para olerla. Hice un acuerdo con mí misma de oler las rosas, porque nunca habrá tiempo para oler las rosas si no haces tiempo.

Oler la rosa tiene que ver con mucho más que el mero acto de respirar su lindo aroma y si calculo mal la distancia, que sus pétalos me hagan cosquillas en la nariz – se trata de pausar, de tomar un momento de la corrida frenética para conectarme con otra parte de mí.

Como un nudo en un pañuelo, como un hilo atado al dedo, la rosa sólo me hace recordar.

Bailar como Agua

"Errores" son nada más que oportunidades inesperadas

Cuando le confesé a una amiga que debería dejar de elegir mal con respecto al amor, la respuesta que me esperaba era algo en la misma tónica que, Y sí, ya sos grande. Pero lo que me contestó fue, No es que cada relación tiene que terminar siendo un amor de toda la vida y si el caso no es así, no significa que fue una mala elección. Hay cosas que están para durar mucho tiempo y otras que no. Si algo no termina en el vivir felices para siempre como supuestamente debería ser, no significa que no era lo que necesitaba en aquel momento.

No existen elecciones equivocadas. Tomamos las decisiones que tomamos por lo que sentimos y lo que necesitamos. Es injusto juzgar después del momento, porque obviamente lo elegimos por una razón específica que en aquel momento y en aquel contexto parecía apropiado. Estamos acostumbrados a lo bueno y lo malo, blanco y negro, pero la vida no es siempre tan simple. Todo lo que podemos ofrecer es lo mejor que tenemos y nadie puede pretender más que esto de nosotros. El tango es una unión imperfecta compuesta de dos personas perfectamente imperfectas.

El concepto de "errores" implica que las cosas deberían ser de una forma que es distinta a como son. Si cambias el enfoque de como "debería ser" al como es, puedes encontrar a cada compañero en donde realmente esté y aceptarlo tal cual. En vez de preocuparte por el modelo ideal que te enseñaron, puedes empezar a conectarte con el ser humano con quien estás bailando ahora mismo. Puedes empezar a conectarte contigo y de esa manera descubrir lo que resulta para ti y construir sobre esta base, en vez de obsesionarte con lo que no funciona. No hay errores – solamente oportunidades para explorar movimientos fuera de lo que tenías intención de hacer, oportunidades para adaptarte a tu pareja y escucharse uno al otro y crear algo, juntos. Y justo de eso se trata. ¡Aprovéchalas!

Improvisación

Improvisar es hacer algo por lo cual no tienes ningún guión, ningún resultado predeterminado. Sabemos que nos vamos a abrazar y que vamos a trasladarnos por la pista de baile, pero no sabemos exactamente cómo se va a desarrollar cada tango. Ahí se encuentra la magia.

Durante una de las charlas teóricas que suele dar, Rodolfo Dinzel estaba hablando de que el tango es improvisado y el hecho de que la pareja que crea las figuras no puede verlas nunca, que cada momento es fugaz y no hay manera de reproducirlo. Alguien le pidió de repetir una frase. Como no encontraba la misma combinación de palabras que recién había dicho, sonrió y dijo, "Perdón, mis palabras, mi discurso, son improvisados – no los puedo repetir."

Sabemos improvisar, dice Rodolfo, lo hacemos todos los días. Nos relacionamos y reaccionamos a lo que nos rodea. Conversar es siempre un acto improvisado. No sabemos exactamente cuáles son las palabras que vamos a utilizar o cómo va a contestar el otro y cómo vamos a seguir el intercambio desde ahí. Pero lo que sí hay son unos parámetros lógicos que gobiernan las conversaciones: sabemos cuales son las palabras adecuadas para cada situación, que cuando subimos al colectivo no tiene mucho sentido decir "el pan está duro," que la elección de tiempos verbales cambia el significado de una frase, que algunos sonidos – aunque tenemos la capacidad de producirlos – no se van a entender si no es que forman parte de los sonidos comúnmente aceptados en el idioma respectivo.[39] Pero improvisar, sí lo hacemos.

---

[39] Seminario de Improvisación en Tango, Rodolfo Dinzel, 2010.

Improvisar significa ser flexible

"Como el agua de un arroyo en una llanura," dice Rodolfo Dinzel. "El agua no se pone dura en su estado natural: si se encuentra con una piedra, no se pone caprichosa, la rodea y sigue, fluye. Bailá como agua."

...como el "Alga Marina":

Sea-weed sways and sways and swirls
As if swaying were its form of stillness;
And if it flushes against fierce rock
It slips over it as shadows do, without hurting itself.

El alga marina oscila y oscila y da vueltas
Como si dar vueltas fuese su forma de sosiego;
Y si se choca contra una piedra feroz
Se escurre por arriba como hacen las sombras, sin hacerse daño.

– D.H. Lawrence[40]

Improvisar significa que aunque recién acaban de servir la última porción del *gâteau au chocolat* que habías soñado el día entero justo antes de que llegaste al restaurante, igual puedes encontrar alguna manera de disfrutar la noche.

Significa que aunque planeaste una serie de tres *sacadas*[41] una tras otra, pero tu compañera apenas no llegó para la tercera, no pasa nada.

---

[40] Greg Constantino me mandó esta poesía después de una conversación sobre "fluir como el agua."

[41] *sacada* – un movimiento que da la ilusión de sacar la pierna o el pie del compañero

Significa que seguimos la marcha aun cuando las cosas no se desarrollan de la manera que nos esperábamos, aun cuando el camino se embarra:

Como cuando mi amigo que me contó que le entraron a robar el local. ¡Que garrón! Sí, pero viste que a veces las cosas andan tan bien que hace falta alguna cosita que te despierte, me dijo.

O cuando no puedo encontrar algo y en el proceso de buscarlo, me reencuentro con todo el resto de las cosas que tengo y capaz que las reorganizo o recorto un poco – antes de encontrar mis lentes de sol encima de mi cabeza.

Significa que en la ausencia de un horario fijo, la espera por el colectivo empieza cuando llego a la parada.

Significa que para disfrutar la luz de una vela, hay que dejar que se queme y se derrita.

Significa que incluso los momentos de la vida que quisiéramos agarrar para siempre, que esperamos que nunca concluyan, sí concluyen. El cambio es constante; nada se queda igual. A veces nos enfocamos tanto en querer que la sensación dure, que nos perdemos la belleza del momento en sí.

La vida es un juego de improvisación.

Son los obstáculos en nuestro camino, grandes o pequeños, las decisiones difíciles, las bifurcaciones del sendero – nuestras interacciones con la gente cambiante que nos rodea que no se comporta siempre como anticipamos – que nos provocan a desplazarnos y crear y vivir. Oscila como el alga marina. No te pelees con las piedras que encuentras en tu camino, fluye rodeándolas; baila como agua.

Pasan cosas maravillosas en espacios justitos

Lo bueno siempre viene en frasco chico, dice mi amiga Karina. Cuanto menos tienes de algo, más precioso se vuelve; lo usas con más prudencia. Si se te regala todo y no te exige mucho esfuerzo obtener algo, no hace falta trabajar por ello y no hace falta ser tan creativo. El ingenio proviene de la necesidad. Es por eso que nuestra Bunica Caty[42] pudo asombrarnos a mi hermano, mi prima y a mí con animales de peluche que confeccionaba de pedacitos de cosas que encontraba en su casa en Moldova y es por eso que estaba tan orgullosa yo de mi mesa que armé con estantes que encontré en la plaza. Inventamos algo, aun cuando parece imposible. Los problemas de la vida no vienen junto a soluciones; esto es lo que los hace problemas, y nos toca a nosotros resolverlos.

En Seattle (mi base de reposo, donde pido "gancho"), estamos acostumbrados a tener mucho espacio. Todo es grande: las calles, los supermercados, nuestras burbujas de espacio personal. No debería sorprender que esto se transfiera a las pistas de baile, también. Necesito espacio para probar todas las figuras que estoy aprendiendo, uno podría pensar. Y sí, puede ser que en una práctica la amplitud de espacio facilita, al principio, pero el tango se trata de improvisar y adaptar e interactuar con los que te rodean. La falta de espacio en efecto puede brindar un estímulo para inventar movimientos y combinaciones nuevas, movimientos que son tan geniales que nunca los hubieras inventado si no fuera por la pareja adelante tuyo atrasándose de repente y los de tu izquierda apretándote hacia el borde de la pista. Estos son los momentos que

---

[42] *bunică* – "abuela" en rumano

nos exigen modificar la estrategia y ser más ágiles de pensamiento, o mejor todavía, sentir.

El asunto en el tango se trata de buscar maneras de trabajar con poco espacio, de hacer maravillas de algo tan sencillo como un abrazo. Se trata de bailar cerca de tu compañero, comenta un hombre en la película *Tango Baile Nuestro*: "El tango nació para bailarse tomado porque el verdadero tango es para la pareja. Tiene que bailar no suelto porque usted tiene una justeza, hay poco lugar para poner los pies. Si yo bailo a 50cm de la mujer, yo puedo hacer cualquier cosa, como bailar boogie o el rock."[43] En el tango se hace más con menos. Es descubrir maneras nuevas de envolverse los cuerpos uno alrededor del otro para que el espacio que necesitan para moverse, lo creen dentro del abrazo – acercándose en vez de alejarse.

Gastamos tanta energía preocupándonos y obsesionándonos por lo que no tenemos. Es increíble cómo se transforma la perspectiva cuando cambiamos nuestro enfoque desde la angustia por el espacio que desearíamos tener a la apreciación de y creatividad con el poco espacio que *sí* tenemos.

---

[43] Jorge Zanada, dir., *Tango Baile Nuestro,* película. 1988.

Dependencia de la Vista

Durante una capacitación sobre la discapacidad visual y ceguera para el Programa de Verano del Northwest School, me introdujeron a la idea de la "dependencia de la vista": aquéllos que estamos acostumbrados a utilizar la vista en la vida cotidiana somos dependientes de ella. La gente que tiene menos capacidad visual o que no ve es menos dependiente de este sentido y utiliza otros para percibir su entorno.[44] En una danza que tiene tanto que ver con el hablar y percibir con el cuerpo, muchos de nosotros somos demasiado dependientes de la vista. Sí, la vista es útil cuando recorren la pista de baile, pero yo he bailado con mis ojos cerrados abrazada a un hombre no vidente. Y he visto gente no vidente bailar juntos y recorrer la pista sin problemas.

Tienes que verlo para creerlo – pero hay cosas que no se pueden ver, y puede resultar más difícil percibirlas si estás ocupado tratando de verlas. Porque en el tango las cosas que embelesan suceden abajo, puede ser tentador intentar ver lo que está pasando. Pero si miras hacia abajo tanto que logras ver exactamente dónde quedan tus pies o los de tu compañera, es muy probable que tu postura esté complicando la relación con tu pareja.

Imagina una relación en la que no confiaras lo suficiente en ti para estar seguro de dónde estás parado o estuvieras constantemente dudando e interrogando a tu pareja. Si te apoyas siempre en tu bastón – el sentido de la vista, es menos probable que desarrolles la capacidad de percibir la

---

[44] Capacitación en la Northwest School por Yang-su Cho y Mark Adreon, Seattle, junio 2010: Es como si la gente que puede ver tiene una discapacidad porque depende mucho de su sentido de la vista, mientras que la gente no vidente encuentra una manera de funcionar sin este sentido.

presencia de tu compañero sintiendo su cuerpo. Para llegar a conocerse, tienes que buscar la forma de soltar o superar algunas de tus inseguridades, y confiar.

Resiste la tentación de mirar sus pies para averiguar dónde está. Si es que no estás seguro, sólo hay que preguntarle, con tu cuerpo. Por suerte, tenemos dos piernas así que hay sólo dos opciones. Es una apuesta de 50-50. Hay muchas maneras de preguntar sin recurrir a mirar hacia abajo: cambia de peso un par de veces, camina por afuera para no correr el riesgo de pisarla, o invítala a moverse alrededor tuyo mientras te quedas quieto.

Baila con los ojos cerrados – ¡incluso los hombres! – o al menos baila como si la vista fuera sólo para la navegación de la pista.[45] Intenta visualizar dónde él está parado, dónde están sus piernas, dónde sus pies se contactan con el piso; imagina un escaneo en tiempo real del volumen de su cuerpo, generado por computadora (con líneas verdes como en *The Matrix*). Percibe dónde está su peso a través del contacto en el abrazo. La idea es que le comuniques a tu pareja dónde estás y él te haga saber lo mismo. Cuanto más confías en que puedes entender a tu compañero, menos necesitarás comprobar con los ojos. Confía en las señales que te da ella y te volverás más y más consciente de dónde está y el espacio que tienes para jugar.

No podemos analizar y calcular todo; a veces tenemos que soltarnos y sentir. Es en tiempo real, en vivo, ahora. Desarrolla la capacidad de sentir donde el espacio es y no es, entrégate a todos tus sentidos y ya no serás tan dependiente de la vista. Y acuérdate que es posible abrazarse y jugar a la vez.

---

[45] En una pista repleta de gente, a veces puedes hasta *sentir* dónde están las parejas que te rodean – a eso lo llamo "El Efecto de Algas."

Los Idiomas y la Gramática

Los idiomas hablados son consecuencia natural de la necesidad de comunicar. Los cambiamos y los adaptamos según el fin. Agregamos palabras que nos parecen faltar, unimos palabras por diversión o por función y modificamos palabras para facilitar su decir. Palabras que se caen de la moda o que ya no tienen mucho sentido usamos menos y menos. Y mientras hablamos, improvisamos, buscando la manera más apropiada para expresar nuestros pensamientos. Los idiomas son dinámicos.

Para explicar los fenómenos de los idiomas, hay gente que observa y anota los esquemas representándolos en forma de lo que se llama gramática. Escriben libros y libros llenos de gramática y ejercicios para practicar esta gramática. Pero los idiomas no existen debido a la gramática; los idiomas existen por la necesidad de expresar ideas y compartirlas con otros. La gramática existe debido al idioma, no al revés. Es por esto que los diccionarios y los libros de gramática reman para seguir vigentes, reflejando los cambios continuos en los idiomas verbales.

Si pasas todo tu tiempo memorizando ejercicios de libros, terminas hablando como un libro didáctico – duro y rígido. En cambio, si logras captar la esencia de las palabras, puedes jugar con la manera en la cual las hilvanas y hacer elecciones que reflejen lo que quieres expresar, que reflejen tu personalidad. Es parecida a la diferencia entre aprender a seguir una receta y aprender a jugar con la comida (cocinar).

Si lo que aspiramos lograr cuando estudiamos un idioma verbal es soltura, ¿Por qué no aplicamos los mismos conceptos al aprendizaje de un idioma corporal, como el tango? Las secuencias pueden servir para trabajar algunas técnicas, pero no permitas que tus estudios gramaticales te traben la capacidad de comunicar, de percibir y expresarte.

Olga Besio dice, "El tango es un baile popular, improvisado…
hay que hacer que las figuras salgan solas."

Los idiomas cambian constantemente. Busca la esencia
de las palabras para que puedas armar tus propias oraciones
y construir un diálogo real, vivo. A medida que van buscando
distintas maneras de relacionarse con su compañero,
desarrollarán la capacidad de adaptarse al cuerpo del otro
y crear una conversación que fluya, compuesta de
movimientos que toman forma mientras hablan.

No compartimos el mismo "vocabulario"...

Respecto a la carencia de un sistema estructurado para enseñar tango en todas partes (deliberaciones sobre el tango acompañadas con una copa de vino, o dos):

"Cada uno aprende movimientos distintos," se quejó una amiga, "así que no compartimos un vocabulario en común."

Mi respuesta: "Eso significa que tenemos más para ofrecernos en una conversación."

No hace falta saber unos prerrequisitos determinados antes de meterse en una pista de baile. El tango comienza al enlazarse las miradas – abrazados, están bailando tango. El tango se trata de descubrir algo nuevo en cada pisada, en cada abrazo, cada vez que bailas. Con suerte nunca sabremos el mismo "vocabulario" o la misma manera de emplear este vocabulario; esperemos que sigan encontrando matices y calidades y movimientos y detalles que les sorprendan. En el lenguaje común que es el abrazo que construyen juntos, pueden decir de todo.

Pintar Fuera de Las Líneas

El tiempo fuerte

"No puedes hacer adornos en el tiempo fuerte," me dijo un profesor.

¿Por qué? me pregunté. Y después de la clase, le pedí que me lo explicara con mayor detalle. Quería asegurarme que había entendido bien la idea con la cual estaba disconforme:

"Porque generalmente el hombre te va a marcar un paso en el tiempo fuerte," explicó... y yo [como la que sigue] podría no llegar.

¡Esperá un minutito! ¡Pará un poquito! ¿Llegar a qué? ¿Llegar cómo? ¿Qué mierda tiene que ver el tiempo fuerte? Si presto atención a mi compañero y siento que tengo tiempo suficiente para meter un adorno, lo hago, o creo el tiempo que necesito pidiéndole que me espere. En el tiempo fuerte, el contra tiempo, la melodía, con el bandoneón, el piano, la guitarra, durante una pausa, porque estoy agregando algo a la conversación musical, en cualquier momento que siento la inspiración para hacerlo. Si el hombre marca algo que no me da tiempo para hacer un adorno en el medio tiempo, cuando supuestamente *puedo* hacer un adorno, ¿lo puedo hacer igual? Obviamente el objetivo es expresarme mientras bailo *con* mi compañero. Si puedo jugar y bailar con él o proponerle de acompañarme, esto es lo que importa.

Me parece que esta lógica o esta manera de ver la musicalidad no tiene sentido junto a la idea de que la mujer tiene que ser sensible a lo que le pide su compañero, en cualquier punto en la música, ni hablar de que el hombre tiene que prestar atención a dónde se encuentra su compañera, también. Deja un margen para percibir a tu compañero y responder al ser humano con quien estás interactuando – ¡no bailes en automático! Y si estás siempre marcando un paso en el tiempo fuerte, ¿por qué no lo varías un poquito probando otras maneras de relacionarte con la música? La musicalidad no tiene que ver exclusivamente con *cuándo* tu pie toca el piso y sin duda se extiende mucho más allá que el tiempo fuerte.

Horacio Godoy, conocido por su manera de jugar con la música en su baile, respondió a la situación arriba mencionada (la conversación que tuve con el otro profesor), diciendo: "Es un baile popular; no hay síes y no hay noes… hasta con un 'error' puedes hacer algo." Y en la clase justo después, mostró otras maneras de interactuar con el tiempo fuerte – un adorno que la mujer puede agregar o un rulito adicional que el hombre puede marcar para acentuar este aspecto de la música. El peligro de contar el tiempo fuerte, dijo Horacio, "es que nos quedamos con el tiempo fuerte," mientras el tango nos ofrece muchísimo más con qué jugar.

Hablé este tema con otros, también, y mi amigo Tim Savatieff lo formuló justo: "Ojo con declaraciones absolutas," dijo, "como siempre y nunca."

Pintar sin Límites – Paint Outside the Lines

¿Qué es lo malo de pintar sin límites,
sin saber el tamaño del cuadro,
sin saber qué herramientas vas a necesitar,
de irse sin planes,
de pintar fuera de las líneas?
Creatividad nace del no saber,
inteligencia de la necesidad.
¿Qué es lo malo de perderse
si es para encontrarse otra vez?

What's so bad about painting without limits,
without knowing the size of the picture,
without knowing what tools you'll need?
What's so bad about leaving without a plan,
about painting outside the lines?
Intelligence is born of the unknown;
creativity arises from necessity.
What is so bad about getting lost
so that you can find yourself again?

Líneas y Límites

Lo que pasa es que nos acostumbramos tanto a ver las líneas que olvidamos por qué es que están. Nos confundimos. Olvidamos que alguien trazó líneas para crear demarcaciones, para simplificar las cosas. Que las líneas no estaban siempre, que las cosas pueden existir, que nosotros podemos existir sin ellas; que las líneas existen porque las seguimos viendo, porque las perpetuamos nosotros. Seguimos viendo el mundo a través de ellas. Somos, no debido a las líneas; existimos antes y seguimos a pesar de ellas. Están ahí porque alguien las puso ahí.

Límites que Limitan vs. Límites que Inspiran

Mientras que los límites nos empujan a pensar más allá de la estructura establecida y buscarle la vuelta, los límites también pueden enseñarnos a no pensar por nosotros mismos. Es la diferencia entre construir algo siguiendo las indicaciones letra por letra de un manual de instrucciones (en donde te limitan las instrucciones) y simplemente agarrar bloques de un balde para ver que es lo qué puedes crear (en donde el límite corresponde a las formas y la cantidad de los bloques que se encuentran en el recipiente). Los que tienen habilidad en la disciplina pueden aprender del manual, pero los a quienes les cuesta más aprenderán a depender mucho de él.

En cuanto el objetivo es comunicar y conectarse con tu pareja, los límites que les obligan a trabajar juntos para encontrar soluciones – como restricciones de espacio – pueden rendir muchos beneficios. Por otro lado, los límites que disminuyen el enfoque en la comunicación entre los dos – secuencias de pasos predeterminadas, por ejemplo – pueden complicar su capacidad de conectarse y adaptarse uno al otro. El peligro de la estructura es que puede limitar por el hecho de que da la ilusión de que ayuda. Cuidado de no quedarte trabado repitiendo esquemas y olvidar a tu compañero.

Estructuras aplicadas a la interpretación de la música también son peligrosas. Imponer un esquema en una danza basada en bailar lo que uno siente es poco diferente que decir a la gente cómo y dónde colocar los pies en el paso uno, dos y tres. Si interactuar con la música y expresar lo que escuchas es el objetivo, decirle a alguien que no está "listo" para experimentar con la melodía en esta "etapa" de su aprendizaje o ligar un movimiento particular (una *sacada*, por ejemplo) o una secuencia a una parte específica de la música, limita de una manera que lo desconecta al alumno del proceso de aprender a expresar lo que la música le hace sentir.

Amplía las posibilidades resaltando distintas características de la música; muestra distintas maneras en las cuales tú expresas lo que escuchas en la música y distintos momentos en donde una sacada puede ser una herramienta útil; ofréceles opciones, planta semillas, siembra ideas. Porque para jugar no hace falta esperar hasta que llegas a un cierto "nivel" – es todo un juego de improvisación, de probar y explorar y buscar. Y la *sacada* se puede meter en cualquier momento que determinas que expresa lo que escuchas y lo que sientes y que fluye en la interacción con tu compañera.

Los límites tienen potencia. Hay una diferencia entre los límites que animan a explorar y los que generan la dependencia – la diferencia se encuentra en cómo utilizas el límite. Da a tus alumnos herramientas, técnicas, desarrolla sus capacidades. Enséñales a escuchar, a explorar; motívalos a buscar miradas nuevas, a apuntar más allá de los límites y tener la bravura de buscar más todavía. Estimula la creatividad. Inspíralos a atreverse a trascender los confines de lo que se imaginaban que podrían llegar a ser. Y cuando emplees límites en la enseñanza, pregúntate si ayudan o restringen a tus alumnos.

Dale a un niño una hoja en blanco y una caja de crayones y déjalo explorar, pensar, sentir. Déjalo encontrar sus propios límites exigiéndose y empujando más todavía. Déjalo caerse para que pueda encontrar una manera de seguir; para que pueda levantarse y darse cuenta que no tiene por qué tener tanto miedo de caerse.

Aprender el Camino – Find your way

Con un mapa, aprendés a leer el mapa.
Sin mapa, aprendés a buscar el camino;
Aprendés a caminar.

With a map, you learn to read the map.
Without a map, you learn to find your way;
You learn to walk on your own.

Cocinar es Jugar con Comida

En vez de seguir una receta al pie de la letra, experimenta
con los ingredientes para distinguir qué es lo que aporta
cada uno. Prueba distintas proporciones y combinaciones.
Agárrate una cucharadita de la salsa, póntela en la lengua y
apréciala. Tienta tus papilas gustativas. Si logras entender
en qué consiste la base de una receta, captar su esencia, y
comprendes cómo se llevan los distintos ingredientes entre
ellos, puedes jugar con la comida – puedes improvisar.

La única consigna es el abrazo

El tango empezó como un juego de improvisación, explica Rodolfo Dinzel: no había figuras ni secuencias, ningún esquema para seguir. La única consigna era el abrazo; esto es lo que lo diferenciaba al tango. La gente exploraba las posibilidades de lo que podía hacer en relación a su pareja, manteniendo siempre la conexión. Con los años, los menos hábiles en este juego de improvisación y espontaneidad crearon patrones para facilitar el entendimiento y la trasmisión de lo que veían. Mucho de lo que se enseña hoy es una versión escrita y sistematizada de este juego de improvisación.

Pero la esencia del tango no se encuentra en una figura específica; es aprender técnicas para interactuar con el cuerpo de tu compañero. No necesitas patrones para imitar. Desarrollando la conciencia uno del otro, pueden co-crear cosas que capaz que nunca se hubieran imaginado, cosas fugaces que no se pueden guardar en el bolsillo para después mostrárselas a los amigos. Cosas que surgen en el momento, debido a aquellas circunstancias particulares, por el espacio que crean ustedes dos entre las hendiduras de sus cuerpos. Una vez que comenzamos a replicar y reproducir los movimientos de una manera sistematizada, ya pierden la autenticidad y nos enredamos en recrear un pasado que ya no existe más – nos alejamos del momento y uno del otro. La tarea desde ahí es encontrarnos otra vez.

No escuchan la música...

Cuando me senté a hablar con El Chino Perico mi último sábado en Buenos Aires, tenía pensadas algunas preguntas. Una trataba de la musicalidad, porque me había cruzado con un grupo de gente que me dijo cosas tipo "no hay que hacer adornos en el tiempo fuerte" y "la sacada tiene que ser en un punto importante de la música." Quería saber lo que le parecía esta cuestión a este distinguido viejo milonguero de pisada elegante.

Su respuesta: "No escuchan la música" y para mi consternación, pensé que pertenecía a ese mismo grupo – ¡No puede ser! Seguimos hablando y de alguna manera volvimos a lo de la música y dijo: "El bailarín es uno más de la orquesta," algo que había escuchado en el Estudio Dinzel. ¿Pero cómo encajaban las dos cosas?

No fue hasta que estaba revisando este libro un día en Seattle y reflexionando sobre mi taller de musicalidad, que llegué a una realización. Lo que pienso que El Chino Perico estaba diciendo acerca de la musicalidad es que la gente no escucha la música, no que no bailan como "deberían" o que no siguen algún esquema, sino exactamente esto: bailan esquemas y no escuchan realmente la música. Es efectivamente la única manera que uno puede bailar "fuera" de la música en tango, una danza de forma libre con ninguna estructura específica, una danza en la cual es la manera de bailarla no la forma, el cómo no el qué, que cuenta.

Dueño de mis silencios

En el tango tienes la libertad de decir "sí" y la libertad de decir "no" – la libertad de moverte y la libertad de pausar. "En el tango, soy el dueño de mis silencios," dice Rodolfo Dinzel.

La música no dicta tus pasos. Juegas con ella como si fueras otro instrumento más – "¡Como una jam session de jazz!" exclamó Terry mientras lo charlábamos un día. Por eso es que puedes mirar una sala llena de gente bailando tango con la misma música, pero cada pareja hace algo distinto y puede ser que cada individuo está haciendo algo distinto dentro de la pareja, también. Pero sin embargo, todos están bailando tango juntos.

No hace falta correr atrás de la música, tocar cada compás; no es un juego de Dance Dance Revolution[46] donde tienes que pisar cada forma que se te viene acercando o si no no ganas todos los puntos. Elige los tiempos por los cuales haces movimientos y busca otras maneras de interactuar con la música. La música de tango tiene tantas capas, hay tantas maneras de jugar con ella entre los contornos de nuestros cuerpos, en la manera de relacionarnos con nuestra pareja, en el espacio que ocupamos en la pista de baile. Por favor, no te limites a secuencias pre-empaquetadas y contar tiempos. A cambio de "moverte" con la música, escúchala, escúchala atentamente. Haz de cuenta que es un viejo amigo contándote una historia y deja que sus palabras te muevan – esa reacción honesta e impulsiva que sucede antes de que puedas pensar en controlarla. Y saborea las pausas tanto como los movimientos, porque en el tango las pausas también cuentan.

---

[46] Pump It Up – un juego interactivo de baile que se encuentra en salas de juegos y por consolas domésticas de videojuegos

La única manera de estar "fuera" de la música es no escucharla y bailar lo mismo sin darle importancia al tango que estás bailando. "El tango," dice una mujer en un documental sobre el tango de Villa Urquiza,[47] "inspira... haces la figura que salió en este momento y capaz que la quieres hacer en otro tango y no va."

Así que cuando me preguntas cómo interpretar a Piazzolla, te digo, "Como te canta el culo," porque eso es algo que nadie te puede dar. Es este cacho de ti que pones en tu baile que le da vida a tus movimientos, y como dijo El Pibe Sarandí, "Tu elegancia, tu personalidad, tu presencia y la gracia del movimiento está en tu alma... Yo no te puedo dar mi alma."[48]

---

[47] Jorge Zanada, dir., *Tango Baile Nuestro,* película. 1988.

[48] Ricardo Maceiras "El Pibe Sarandí," www.elpibesarandi.com.ar.

Una Relación Recíproca

La Mujer/Compañera "Activa" – "Follow" *Activa*

Si es una "conversación," un "diálogo," significa que se compone de dos personas. En el documental *La Confitería Ideal: The Tango Salon,* Javier Rodriguez habla de Geraldine: "Yo marco todo... pero la escucho, puedo seguirla, puedo esperarla... a veces tengo que apurarla porque se copa, se cuelga... hablamos." "No de palabra," aclara Geraldine.[49]

Ser una compañera ("follow")[50] *activa* no necesariamente significa "hacer cosas." El tango no es sólo hacer "cosas" y "pasos"; tiene tantas dimensiones. Ser activa tampoco significa pelearte con tu compañero. Ser activa significa hacerle saber que estás ahí. Significa hacerle saber lo que necesitas. Significa ser una parte activa del proceso de dar y tomar: estar atenta, ser presente, ser tú. Él está bailando

---

[49] Geraldine Rojas y Javier Rodriguez en *La Confitería Ideal: The Tango Salon,* BBC 4 Documentary, 2005.

[50] En muchas partes de Europa, los Estados Unidos y Canadá se usan los términos "lead" y "follow" – "la persona que lleva o marca" y "la que sigue" – para explicar los roles en las danzas de pareja. Pero el término titular de este relato "follow activa" suena un poco contradictorio, ¿no? ¿Cómo puede ser que una persona sea un seguidor pero activo? Otras palabras que se emplean para describir el rol de la mujer en el tango incluyen *la compañera* o simplemente *la mujer.* La mujer en el tango no es solamente una "seguidora," es una parte integral de la pareja.

con una persona, no un palo de escoba. Cada paso que haces, cada vez que se trasladan por el espacio juntos, hasta las pausas, eliges estar ahí. Se trata de asumir el dominio del rol que desempeñas al formar la pareja, sabiendo que tienes voz en la unión que crean juntos.

La Logística

Bueno, logísticamente hablando, ¿Cómo se hace para transformarse de una compañera "pasiva" o simplemente la que "sigue," la que recibe, a ser una persona que toma y da en esta danza?

Dado que provengo del Estudio Dinzel donde el tango se ve como una danza de 50-50, he dedicado bastante tiempo y energía en trabajar sobre cómo introducir este concepto a la gente de la corriente de pensamiento que afirma que el baile es responsabilidad sólo del hombre y que los roles son únicamente "lead" o "follow" (líder o seguidora, el que maneja o la que sigue). Mientras algunos hombres son muy inflexibles en su papel de aquel que manda, a muchos simplemente no les han enseñado a escuchar – no significa que no quieran oír lo que tienes para decir. Ten en cuenta que tu compañero puede ser muy receptivo a la idea de un diálogo desde el principio, o puede ser que lleve un poco de tiempo para que él (y tú) se acomoden a la idea. Eso no es el contrario a ser receptivo: puede ser que ese modo de relacionarse sea nuevo para él. Ablándalo. Amásalo suavemente, tómalo de a poquito. No tiene que ser todo o nada. Tenle paciencia, pero no renuncies a poner tu personalidad en la danza. Requiere práctica, tanto para una "seguidora" que ha sido enseñada sólo a recibir como para un "líder" a quien le enseñaron sólo a hablar.

De la misma manera que los hombres se toman su tiempo para conocer a sus compañeras, las mujeres deberían hacer eso para ellos también. Hay muchas maneras de explorar ser más activa. Aunque a veces hace falta un poco de conmoción para agitar el statu quo, por lo general, sugeriría empezar con cosas pequeñas y sutiles. Ponle más densidad a tu caminada para lentificar o acelera un *ocho*.[51] Asegúrate que él te está escuchando para no terminar hablando sola. Espéralo como quisieras que él haga para ti. Pídele los cambios que deseas desde el rol de mujer – no hace falta configurar los brazos de otra manera para participar en el baile. Piénsalo como persuadirlo de compartir un postre con una sonrisa, una suave caricia de su brazo.

Tal vez iniciar a pequeña escala no parece una revolución. Si lo mides en términos de tamaño, puede parecer bastante insignificante. Pero más grande no es siempre mejor y lo que ganarás tomándolo despacito con tu pareja, asegurándote que él se sienta cómodo con los cambios, es monumental. No sólo le ayudas a tu compañero si evitas asustarlo, también es un gran entrenamiento para ti. Comenzando con cambios sutiles, desarrollas la habilidad de percibir y modificar los detalles más intrincados. Requiere práctica. Con el tiempo, descubrirás muchas maneras de contribuir a la danza. En breve podrás complementar y agregar algo a los movimientos que te marca, cambiando la calidad, la intensidad, la velocidad, la amplitud, la dirección, etcétera.[52]

Eventualmente encontrarás compañeros con quienes puedas hasta proponer movimientos. Bueno, entonces eso significa que tienes que empezar a tomar clases y prestar atención en cómo "marcar" secuencias, desarrollar tu vocabulario, ¿no es cierto? Tú ya sabes muchos movimientos porque el tango es un proceso recíproco. Sabes como se siente cuando te marcan una figura particular, sabes lo que necesitas, así que sólo hay que pedirle que te haga este

---

[51] Por mi experiencia, he notado que tiende resultar más fácil empezar por disminuir la velocidad.

[52] Rodolfo Dinzel suele sugerir a sus alumnos experimentar modificando la amplitud, velocidad, angulación, etc. de sus movimientos

espacio. Piensa en lo que te gusta — que si él hace algo para mover una pierna tuya que tu peso esté apoyado en la otra pierna, que espere para asegurarse que lo estés acompañando, que te hable con su cuerpo. Es muy probable que lo que se siente agradable para ti le resulte también cómodo a él. No hace falta memorizar pasos y secuencias. Claro que es una opción, pero ya eres tan adepta a escuchar que puedes encontrar momentos en los cuales hay tiempo o espacio para agregar algo o cambiar la dirección, o puedes crearlos tú misma, haciéndole saber cuando quieres proponer algo. Llámale la atención y cuando sabes que te está escuchando, invítalo a acompañarte. Evalúa la correlación entre sus cuerpos mientras bailan, percibe las posibilidades en cada momento; improvisa.

Una pregunta técnica muy común es si la mujer entonces tiene o no tiene que asumir responsabilidad por la navegación. Sí y no. Depende de la relación y cómo trabajan juntos. Las mujeres pueden abrir los ojos y ayudar con la conducción y fijarse que si proponen un movimiento o un cambio de dirección, el espacio esté disponible y que su propuesta no haga a la pareja chocar con otra pareja o algún objeto. O, aun siendo activa, puedes bailar con los ojos cerrados siempre que estés muy alerta y sensible a las maniobras de tu compañero. Puedes proponer y modificar cosas en el baile, confiando que te hará saber si se encuentra con la necesidad de cambiar de dirección para evitar un choque o avanzar en la ronda por la pista de baile. Si ambos son sensibles, entenderán quién necesita qué, cuándo y cómo.

Caminar con Estilo

Tengo un problemita con respecto al término "adorno." De alguna manera hace parecer que estos detalles son superfluos a la danza (y los que realmente son superfluos capaz que podrían ser omitidos). Forman parte del estilo, pero todo el tango consiste en el estilo. *"Tango is walking with style* – Tango es caminar con estilo," dijo Laura en el América del Sur Hostel la noche que llegué a Buenos Aires. Tanto la mujer como el hombre aportan su toque personal a la danza. Es la diferencia entre simplemente hacer los pasos y bailar. ¿Y dónde exactamente separamos los "adornos" del baile en sí?

Respeto Mutuo

¡Chan! ¡Chan! El tango se termina mientras le engancho mi pierna en lo alto de su muslo.

"Sabes, a algunos bailarines buenos no les gustaría que les hagas eso en una milonga," dice Stefan Barth, "si no te lo marcan."

"¿Sí?" Estoy un poco sorprendida, ya que "se supone que" a los hombres les gusta cualquier tipo de contacto íntimo realizado a ellos por una mujer, o así parece decir la sociedad.

"Sí. Trata de respetar los límites," me explica. "¿A ti te gusta si un hombre te toca sin tu permiso? El tango entero tiene que ver con pedir permiso para acercarse a ti y las mujeres deberían hacer lo mismo; deberían respetar el espacio del hombre y pedir permiso, averiguar si él acepta el avance antes de seguir adelante."

El tango tiene que ver con compartir el espacio de tu compañero. Cuando las mujeres quieren hacer algo al cuerpo de su pareja o utilizar su espacio íntimo, hay maneras de comunicárselo y asegurarse que él está dispuesto. "No estoy acá para ser como esta barra en la pared," señala la barra de ballet que utilizamos para ejercicios y elongación.

Hay maneras y maneras.

A Place of 50-50

We can get to a place of 50-50,
where the connection feels so fluid
that it doesn't matter who leads what
but that we move together.
Where my body
and my partner's body are one.
Where, together,
we are one entity.

Where my legs are his
and his legs are mine
and we have one heartbeat between us,
and, if even for just three minutes,
we forget about everything else,
we let go of our inhibitions and our fear
of not knowing who's in charge,
we breathe together,
we feel each other,
we share our souls.

Un Punto de 50-50

Podemos llegar a un punto de 50-50,
en donde la conexión se siente tan fluida
que no importa quién marca qué
sino que nos movemos juntos.
Donde mi cuerpo
y su cuerpo son uno.
Donde, juntos,
somos una entidad.

En donde mis piernas son suyas
y sus piernas son mías
y tenemos un pulso entre los dos,
y, si sea sólo por unos tres minutos,
nos olvidamos todo lo demás,
soltamos nuestras inhibiciones y el temor
de no saber quien es que manda,
respiramos juntos,
sentimos,
compartimos nuestras almas.

Follow the Leader! – ¡Sigue al Líder![53]

¿Llevas tú o llevo yo? ¿Quién lleva? ¿Qué importa? Vemos la vida por el prisma de las estructuras de poder a las cuales estamos acostumbrados, de jerarquías y pirámides dadas vuelta: siempre hay alguien que manda (el o los líderes) y siempre hay alguien sumiso, pasivo, eligiendo (aunque "autónomamente") a seguir. Uno escucha, el otro habla. Pasá el "palo parlante."[54] Si nos encontramos con estructuras que conocemos, está todo bien. ¿Tú llevas, yo sigo? Llevo yo, así que tú me sigues.

Pero ¿Qué pasa cuando no hay una persona que lleva y una persona que sigue – cuando los dos llevan y los dos siguen y la relación fluye? ¿Sabes estar realmente a la par, en condiciones de igualdad con tu pareja? ¿O es que tenemos que seguir recreando las mismas estructuras de poder? Sí, claro que puede ser más sencillo si hay una persona que toma las decisiones, pero en una unión simbiótica, de colaboración, ¿no podemos tomar las decisiones juntos?

Según las estructuras de poder con las cuales tenemos familiaridad, podemos captar la dicotomía de líderes y seguidores. Si hablamos de una mujer más activa en la

---

[53] En los Estados Unidos hay un juego que se llama "Follow the Leader" (Sigue al Líder) en donde todos forman una cola atrás del líder y siguen su recorrido.

[54] La estrategia del "talking stick" ("palo parlante" o "bastón de la palabra" – habla el que tiene el palo) sirve cuando recién empiezan a jugar con la idea de compartir la conversación, sobre todo si la conversación a la cual están acostumbrados se parece más a un monólogo. Puede ayudar a hacerlos más conscientes de las oportunidades para hablar y acordarlos de prestar atención y escuchar. Pero, el objetivo es ir más allá de eso, que les queden chicas las rueditas, desarrollar una sensibilidad uno al otro que los permite un intercambio más fluido de emociones, ideas y energía.

danza, la conjetura común es que ella tomará el control; la gente hasta ofrece cambiar el abrazo (el hombre la envuelve a la mujer con su brazo izquierdo). Algunas mujeres aprenden a llevar para tener más control.

Hablamos mucho de la igualdad, pero el verdadero desafío es concebir una unión en la cual dos personas pueden llevar y seguir, escuchar y hablar, ser libres de expresarse y a su vez suficientemente atentos uno al otro para entender lo que cada uno necesita, y dispuestos a trabajar juntos para moverse juntos. El gran desafío es encontrar una manera de coexistir sin recrear y reinventar las mismas estructuras de poder de siempre.

Who's the Leader? – *¿Quién* es el Líder?

Ya que he experimentado la posibilidad de una unión en la cual ambos son participantes activos, me deleito en oportunidades de bailar así. Me encanta ser activa en la danza. Pero puesto que eso no se enseña mucho, suelo tener que empezar lentamente y probar diferentes tácticas para crear esas oportunidades para mí misma. Cuando "se las doy" un poco más fuerte, a quien sea que lleve que no están acostumbrados a este tipo de interacción en el abrazo de tango, por lo general recibo una de dos clases de reacciones: agresiva o pasiva.

La reacción agresiva va algo parecido a: parar en la mitad del tango y decir "si quieres llevar, sólo tienes que decírmelo" o con una mueca despreciativa lo llaman *"back-leading"*[55] (llevar al revés) o directamente me declaran una "rebelde." Esa gente piensa que su rol es de dar todos las órdenes y que el de la mujer es de escuchar y someterse – "seguir." Un hombre dijo de "la mejor compañera con quien haya bailado," baila buenísimo porque "si no lo marco, incluso un *boleo*, no lo hace," y su hijo comentó, "Yo tengo suficiente musicalidad para los dos" (para él y su

---

[55] *back-leading* – un término que se usa en los Estados Unidos; en inglés, "backward" no es solamente "ir hacia atrás" sino también que algo está retrasado o primitivo: ¿No podemos utilizar otro término por esa idea, por favor? Hay otros, como "proponer" o "invitar" un movimiento. Para mí, *"back-leading"* implica que uno es *"forward leading"* (llevar hacia adelante) o conducir como se debería, progresando, y el otro es hacer algo atrasado, primitivo, antinatural. ¿Si en la danza las ideas de una mujer son *"back-leading,"* estamos realmente reconociendo su parte en la relación? Suena un poco como decirle que no te "conteste" o no te "contradiga" como si fuera una criatura. A lo mejor no es eso lo que la gente quiere transmitir cuando usa este término, pero las palabras sí pesan.

pareja). Estos hombres están dispuestos a luchar por defender su rol de líder. Pero en serio, ¿piensas que puedes llevar a una mujer a pisar a tiempo sin que ella escuche la música y participe? ¿La manera en la cual interpreta la música y cómo la siente no importa en la danza?

Otro hombre dijo, "Si llevo a una mujer a pasear en *mi* auto, no debería agarrar el volante" y "Si he estado hablando durante 10 minutos y ella no ha dicho nada y de repente, me interrumpe—" A ver, si has estado hablando solo, por 10 minutos, quizás sea hora que alguien te interrumpa. ¿No sería mucho más interesante? Dale, no me digas que estás tan entretenido con tu propio monólogo que nadie más puede hablar. O ¿Es que te produce aprensión la posibilidad de no saber qué va a pasar y ceder un poco de control te pone nervioso?

La reacción pasiva es un poco más difícil de detectar: no hay ninguna agresión ni la repulsión de la idea. En cambio, el hombre comienza a tomar una posición sumisa y hasta en algunos casos, se vuelve menos presente físicamente (y emocionalmente). Asume el rol de escuchar tanto que se vuelve pasivo en la danza. Esto pasa por consecuencia de nuestra dicotomía de líder-seguidor. *Entonces, si no llevo, se dice él, sigo.* Las mujeres lo hacen también: cambian roles desde seguir a llevar (o hay mujeres que sólo llevan). Podemos conceptualizar nuestro rol como un líder o alguien que sigue, o incluso el intercambio fluido de los roles de líder-seguidor, pero la posibilidad que haya ambas personas llevando y siguiendo simultáneamente, o simplemente "estando" juntos en una unión, nos resulta más difícil captar.

Si el hombre deja de bailar, es decir sigue moviéndose pero deja de ser presente y activo en la danza, es como decir, *Bueno, tienes la palabra,* y irte; ¿Qué importa si le diste el "palo parlante" si no te quedas para escucharla? Así como las mujeres deberían escuchar en lugar de anticipar y presumir que saben lo que quiere su compañero, para mantener una conexión fluida, los hombres deben hacer lo mismo cuando su compañera propone algo. No la "ayudes"; sólo sé presente y responde a lo que te está pidiendo. Puede ser que no esté cambiando el sentido, sino solamente modificando la calidad del movimiento que le propusiste tú. Déjala hacer el trabajo necesario para cambiar la dirección o cualquier cosa que te quiera pedir. Sólo hace falta estar ahí para escuchar lo que tiene para decir.

Uno no tiene que ser menos para que su pareja sea más. Los dos pueden ser más activos en la danza, y en efecto resulta más fácil hacerlo cuanto más trabajan juntos y se equilibran entre los dos. Tú le das ideas y le creas oportunidades y ella las toma y agrega y va más allá todavía, y construyen la danza con la inspiración que cada uno encuentra en el otro. La idea es que los dos hablan y los dos escuchan. Hacen cosas juntos en vez de uno tras otro; se armonizan y fusionan como uno.

Una Relación Recíproca

Una mujer siendo activa en la danza no es una afrenta a la masculinidad del hombre – él importa mucho en el baile. Es una manifestación de su femineidad, de ella misma. Como en cualquier emprendimiento en el cual el objetivo es colaborar, tiene sentido solamente si lo realizan juntos, si él está ahí para recibirla y reconocerla y participar, también.

Conocidos por su manera de conversar entre ellos, Javier Rodriguez explica que al principio Geraldine le enseñaba y le enseñaba y le enseñaba y el recibía información. Luego llegaron a un punto en el cual podían intercambiar ideas.[56] No importa quien enseña a quien; al final terminan teniendo más que ofrecerse mutuamente, con la capacidad de entenderse mejor. ¿Para qué limitarte con la idea que el hombre tiene que controlar todo? ¿Qué necesidad hay de presionarte así? Deja que la mujer hable. Y escucha, escucha realmente. Así, cada vez que bailan aprenderás algo acerca de cómo se entrelazan sus cuerpos.

¿Es que ella quiere jugar un poco? Juega con ella, síguele la corriente. Dale lo que quiere. ¿Por qué no? Si la acompañas cuando ella te invita, puedes aprender movimientos nuevos. Como es una relación recíproca, observando atentamente lo que ella necesita de ti para que salga un movimiento, puedes aprender a marcarlo tú mismo. Hay infinitas oportunidades de aprender uno del otro y crear cosas juntos.

---

[56] Geraldine Rojas and Javier Rodriguez in *La Confitería Ideal: The Tango Salon,* BBC 4 Documentary, 2005.

hombre moderno

Soy una mujer moderna, fuerte e independiente; necesito un fuerte hombre moderno.

¿Por qué "fuerte"? Porque en esta sociedad moderna en la cual las mujeres son iguales y los hombres están luchando para entender en dónde quedan parados, fuerza de carácter es lo que cuenta. Dejar que tu mujer brille no te quita nada – no te hace débil y sin duda no te hace menos hombre. El hombre moderno tiene suficiente confianza en sí mismo para no sentirse amenazado por el poder de los que lo rodean; puede reconocer y apreciar la belleza de una mujer fuerte sin sentirse inferior. Porque la unión de dos personas no es una ecuación matemática; el ente creado por dos personas no tiene límites. No hay ningún negativo. Las partes aportan una a la otra en vez de quitar. Ambos brillamos más cuando celebramos la luz del otro.

Un Nuevo Sabor de Chocolate

Muñequita de alambre

El tango no tiene que ver con buscar a alguien que hace todos los pasos "correctamente," bien bien prolijito, de acuerdo al librito de tu maestro preferido. El tango trata de buscar a alguien que te entiende, que te escucha y te abraza y te habla un idioma que tú también entiendes. Si pudiéramos diseñar nuestro compañero "perfecto," nuestra *muñequita de alambre*[57] y darle forma precisamente como quisiéramos nosotros, muy pronto nos daríamos cuenta que jugar con una muñeca completamente a nuestra disposición no es para nada tan divertido como interactuar con una persona de carne y hueso.

Quiero una pareja que pueda hacer más que solamente el simple acto de espejarme,[58] alguien que agregue algo a mi baile. Lo dulce y lo amargo de esta propuesta es que no soy capaz de crear esa persona yo misma. Si lo diseñara yo, quedaría circunscrito en las limitaciones de mi imaginación. La persona que yo busco fue moldeada por vivencias únicamente suyas, alguien que aporta otra mirada que enriquece nuestra unión y la hace mejor de lo que yo me hubiera podido imaginar.

---

[57] "La muñequita de alambre" es un ejercicio que utiliza Rodolfo Dinzel en sus Seminarios de Improvisación de Tango, 2009.
[58] Inspirado por una conversación con Luz Castineiras, febrero 2011.

Unos pasitos demás

marzo 2010

Era una *milonga*,[59] que consiste en muchos pasitos intrincados y divertidos. Me encanta la milonga. Y cuando me meto a bailar una milonga que me gusta mucho, a veces me copo, me pierdo en la música y hago un par de pasitos demás, picando al ritmo o jugando con la melodía. A veces combina bien con lo que mi compañero está haciendo, pero otras veces me encuentro sola. Cuando me pasa eso, lo que suelo hacer es disculparme.

Me han respondido de muchas formas ante tal situación, pero cuando termina la milonga Stefan dice, "No me molestan estos pequeños momentos. Sólo hace falta buscar una manera de sincronizarnos de nuevo, de retomar la conversación."

Con esas dos frases, Stefan me dio permiso para ensayar las ideas que se me ocurrían, para jugar, para ser libre. Me dio permiso de ser yo. Aprovechó la oportunidad de escuchar la música como la oigo yo, de percibir lo que siento, lo que necesito. En vez de frustrarse y reprimir mi creatividad, abrazó mi entusiasmo y me abrió puertas para crecer. Sus palabras me facultaron para buscar maneras de canalizar mi energía para conectarme mejor con él, para compartirla con él. En vez de intentar anclarme a tierra, me soltó para que vuele y me pidió de llevarlo conmigo.

---

[59] *milonga* – en este caso, el baile

Venite a la mesa con algo más que sólo un tenedor y un cuchillo

"Venite a la mesa con algo más que sólo un tenedor y un cuchillo," dijo mi amigo Chiken[60] – tienes que aportar algo a la mesa.

Y el tango no es ninguna excepción. He escuchado a mujeres decir cosas tipo, *Bueno, si el hombre no hace tal cosa* o *si su musicalidad no es muy "buena."* Esto ejerce mucha presión sobre los hombres y ellos también se ejercen presión. Pero el tango es de a dos. Eso significa que, en prácticamente cualquier forma de mirar la danza que se me ocurre, no se puede realizar sin la participación de ambas personas. En cualquier tipo de colaboración, no puede ser que una persona sola sea responsable – para lo bueno ni lo malo, ni por hacerla funcionar. Es un acto de dos personas. Por más que quieras hacer que funcione una relación, no puedes sostenerla solo, y aun si quisieras que el otro haga todo, igual tendrás que encontrarlo en algún punto intermedio.

La idea de que uno debería – o más bien, tiene la oportunidad de – traer algo sustancial a la mesa no se limita a la musicalidad, ni al tango; Chiken y yo estábamos hablando de parejas potenciales. Si son coautores en el asunto, los dos tienen el privilegio de aportar todo lo que son a la mesa.

---

[60] Arvin Manahan – Nos llamamos "Chiken" uno al otro, como *"chicken"* (pollo) pero sin la segunda "C." Hay una historia, pero tendrás que preguntar a uno de los dos en persona.

Jugá con las Patas: Salpimentá tu Baile

Jugá con los pies. Liberá las piernas. Probá.

Los accesorios son hermosos, pero si te pones todas las joyas a la vez, podría llegar a ser un poco mucho. Y por supuesto deberías tener cuidado de no sobrecargar la comida con aderezos y sabores, pero eso no significa que tienes que tener miedo de agarrar las especias. Aprender a incorporar especias en lo que cocinas requiere experimentar – puede ser que condimentes demasiado eso u otro, pero probando encontrarás un sabor equilibrado a tu gusto. Parte de ese proceso es intentar y hacer pruebas.

No tengas miedo de hacerte la fiera loca y perderte agarrando una barra de ballet, una silla, con la pared. Baila como si nadie te viera. Ponte una música y juega sola. Al madurar, nos enredamos tanto con nuestras "vidas" a veces que olvidamos cómo jugar. Juega con los pies, juega sola y disfruta de tu propia interpretación de la música. Juega con las calidades de movimiento, la velocidad, las formas, lineales y circulares; deja que tus pies hablen.[61]

Cuando bailas con un compañero, las cosas cambian un poco. Ya no tiene que ver solamente contigo y con cómo interpretan la música tus pies bonitos, pero esto no significa que tengas que abandonar el juego. Bailando, busca percibir las pausas donde puedes agregar algo. Cuanto más lento bailen, mejor – tendrás más tiempo para probar cosas nuevas. Utiliza tus adornos y la calidad que das a tus pisadas mientras trasladas el peso de una un pie al otro para acentuar ciertas partes de la música, para expresar lo que sientes. Cuando empieces a sentirte más cómoda con tu pareja y contigo misma y tus piernas liberadas, hacele saber cuándo es que necesitas un poco más de tiempo, pedíselo.

---

[61] Eladia Córdoba dijo, "La pierna libre habla," 2011.

No tengas miedo de jugar, porque jugar con los pies te ayudará a desarrollar tu propio estilo. Como dice Jennifer Bratt, Ningún adorno tímido, hecho a medias; Arriesgate.[62] Las primeras unas cuantas veces que pruebas algo nuevo, puede ser que lo sientas torpe, pero fíngelo hasta que lo logres. Pon un poco de actitud en tus movimientos, haz el papel y pronto te alcanzará la confianza.

---

[62] Jennifer Bratt, "Tango Embellishments,"
www.close-embrace.com/tangoembellishments.html.

Tigresa

De vez en cuando te encuentras con alguien en la misma frecuencia. Los otros bailes son lindos, pero tú sabes a que me estoy refiriendo. Es como la diferencia entre una buena conversación y una conversación que te cautiva, que te hace perder la noción del tiempo. Es aquella conexión increíble, tan escasa que parece imposible. Y puede suceder en cualquier momento – te puede agarrar completamente por sorpresa. Alguien puede despertar algo en ti que ni siquiera tú sabías que tenías adentro. Y una vez que lo has degustado, quieres más. "Como el sexo," dice Máximo del tango mientras estamos parados en la esquina de Corrientes y Lambaré, "no sabés qué te estás perdiendo hasta que lo tenés, pero una vez que lo tuviste, querés más y más."

Cuando las energías se encuentran, a veces la combinación es explosiva. A veces, juntos, crean algo eléctrico. Fuego:

Mientras jugábamos con los pies,
movimientos resonando por nuestros cuerpos
y de vuelta al piso,
sentí la tigresa dentro de mí rugir.[63]

---

[63] Mi estatus en Facebook el día después de un tal encuentro

Un nuevo sabor de chocolate

"¿Quieres bailar?" me preguntó, pero en seguida se arrepentió: "No sé si bailaría esta música con alguien con quien nunca he bailado." El DJ estaba pasando Pugliese. A mí me encanta Pugliese.

Levanté la vista de picotear las galletitas, arándanos y quesos picados. "Sabes, no sé cuanto creo en eso de que la música sea difícil. ¿Por qué no probamos? Vamos a ir lento." Y lo persuadí con ternura a acercarse a la pista.

Capaz que es la noción de que el hombre es el responsable de la musicalidad de la pareja. Que si es así, podría ser renuente a bailar un tango más "complicado" con alguien a quien no ha hecho un manejo de prueba para averiguar como responde. Pero si la mujer se puede defender y contribuir o si creamos la musicalidad juntos, entonces hacer que funcionen tanto el baile como "nosotros" depende de los dos.

"Me gusta como escuchas la música," me dijo después del primer tango. Terminamos la tanda de Pugliese, después algunas *milongas* que ninguno de los dos conocía bien, y luego un poco de *tango nuevo*.[64]

Aunque aprecio la comodidad, a veces rinde arriesgarte un poco, salir de tu zona de confort, probarte fuera de tu elemento, meterte en la pista con alguien a quien todavía te falta descubrir. Puede ser una sorpresa placentera lo que creen juntos. Yo quería mucho bailar la tanda de Pugliese y estaba de visita, así que nadie me conocía. Me alegra que se haya arriesgado conmigo y confiado en mí, y creo que él también terminó contento…

"Bailar contigo es como descubrir un nuevo sabor de chocolate que no sabía que existía," me dijo. Este hombre sabe chamuyar a las minas.

---

[64] *milonga* y *tango nuevo* – refiriendo a los géneros de música

En la "Meca" del Tango

Camina Conmigo a la Práctica de Tango

Puesto que he decidido tomar el ascensor para bajar pero no para subir (tomo las escaleras), tiro la manija de la puerta de bisagra hacia mí y deslizo la puerta interior de estilo acordeón. Tengo que asegurarme de cerrar bien ambas puertas, porque si no, pulsar el botón con la etiqueta "PB" no produce ningún efecto. Cuando llego a la planta baja (que la mayoría de los edificios acá tienen – un nivel que da a la calle encima del cual se encuentra el primer piso), suspiro y abro mi cartera otra vez porque necesito la llave para salir y estoy acostumbrada a poder salir de un edificio a mi antojo.

Al salir por la puerta, doblo a la derecha y subo por Muñiz, que, cruzando Avenida Rivadavia, se convierte en Yatay. Todas las calles cambian de nombre al otro lado de Rivadavia. Mi camino me lleva debajo del puente con las vías de tren, a lo largo de una calle de sentido único (muchos de ellas por acá), por un barrio tranquilo, pasando gente lavando las veredas en frente de sus locales o barriendo para mantener la limpieza. En el camino, echo un vistazo por las ventanas de pequeñas panaderías con sus filas de pasteles llamados *facturas* y *empanadas, empanadas* y más *empanadas* (masas rellenas de exquisitez generalmente salado pero a veces dulce). Decido parar en

una de las tiendas de frutas y verduras (*verdulerías* –
algunas además venden carne), y salgo con una bolsa que
contiene dos bananas y una manzana por 2 pesos. Con el
cambio como es ahora (3,6 pesos AR por un USD en marzo
de 2009), mis compras me cuestan menos de 60 centavos
USD. Bastante bien.

Cruzo la Avenida Corrientes, paso el boliche La Salsera
y las pistas de tenis con las nítidas líneas blancas pintadas
en tierra roja, paso el supermercado grande Jumbo, cruzo
Guardia Vieja y llego a Rocamora, donde doblo a la
izquierda. Juro que los conductores acá tienden a dirigir
hacia los peatones, en lugar de esquivarlos, así que me
arriesgo un poco la vida cada vez que cruzo Estado de
Israel. Suponiendo que zafo, paso un pequeño café en la
esquina que se llama Camila (donde los brownies no son
tan ricos como esperaba, pero el ambiente es agradable y
hay jugo de naranja recién exprimido) y estoy en la calle
Jufré. Paso la pequeña parrilla de Marce en la esquina, con
comida para quedarse o para llevar, donde nosotros, los
alumnos de tango solemos reunirnos para compartir papas
fritas y una cerveza Quilmes, aproximadamente media
cuadra más, llego a la angosta puerta de madera que está
empotrada en una pared de estuco blanco que da entrada a
un pasillo largo al aire libre.

Caminando por las baldosas detrás de la entrada sin
cartel, oigo las notas remotas de un tango recién
empezando a sonar y imagino que al dar la vuelta al patio,
encontraré parejas de bailarines comenzando a abrazarse,
familiarizándose con el ritmo y la melodía, y sus piernas
empezarán a deslizarse con elegancia por el viejo piso de
madera de una de las dos habitaciones pequeñas y
cuadradas mientras se pierden en la música y la sensación
de su abrazo mutuo.

Salir a la cancha: Aprender Haciendo

Como las piedras en las orillas del río se pulen con
el tiempo, nos pulimos en la cancha, en la pista de
baile, en la vida.

"Hay gente que cruza el mar entero y ni se moja."
  – un dicho que me contó Thomas de Alemania

No es que quiero que caces ratones, pero ¡sacate los
guantes, nene!

O, como me dijo Miguel Romero: "Hay que
transpirar la camiseta."

No hay nada como la práctica. Como dijo Alejandra Testi
a uno de sus alumnos, "Vos necesitás algo que yo no te
puedo dar: confianza. Hay que salir a la cancha." La
confianza proviene del confort de saber que ya anduviste
por estos pagos, de tener vivencias a las cuales recurrir
para armar tu presente. Hay que invertir tiempo, adquirir
experiencia: acumular kilómetros en tu tango-odómetro,
dice Gary Fadling. Es como la diferencia entre estudiar y
trabajar, hacer periodos de práctica y voluntariados, la
diferencia entre hablarlo y hacer.

No, el tiempo no garantiza destreza. Como si fuera que
un año es lo mismo para una persona que para otra, muchos
preguntan: ¿Cuánto tiempo hace que bailás? Es tan relativo.
Cada uno de nosotros tiene sus tiempos. Cada uno tenemos
nuestra historia de vida que aportamos al aprender cualquier
cosa. Tanto si practicamos cada día como si tomamos una
clase por semana, cada uno aprende a su ritmo. Haber
dicho esto, y aunque no es igual a la sabiduría o la aptitud,
la experiencia es un buen maestro.

La teoría es buena, como el dulce de leche, le dije a Javi un día, pero si te comes un tarrito entero todo a la vez, te puede hacer mal. Es bueno con moderación. Hay algo en quedarse sentado en la tribuna observando o marearse con teoría y retórica que simplemente no es igual al experimentarlo por tu propia cuenta. Como el tango tienes que aprender a sentir, te vuelves más sensible con la práctica y el tiempo. Bailando, descubres lo que sientes más cómodo y capaz lo que podrías omitir. Te das cuenta, '¡Oh! ¡Él quería un *gancho* ahí!' – y el próximo te sale más fluido y el siguiente más convencido. Si aprendes por tu propio proceso de ensayo y error y ensayo, retienes mucho más que si alguien te dice exactamente cómo hacer las cosas; es más orgánico.

Un día, le pregunté a Rodolfo Dinzel qué le parecía mi baile, su crítica, y me dijo nada más que, "Si caminan solos, déjalos caminar." Fue justo la afirmación que precisaba para seguir caminando, para seguir explorando. A veces no hace falta que te digan mucho; sólo necesitas asegurarte de que vas bien. Pasa a veces que nos preocupamos tanto por hacer las cosas "correctamente" o de tener todo lo básico antes de empezar a jugar, que nos estancamos y nos detenemos y nos creamos puestos de control y demoras innecesarias en el camino – ¡Dale! ¡Ponete las pilas!

El otro alumno respondió, "Necesito pulirme."

"¿Viste que las piedras en las orillas del río son suaves? Es que se pulen mientras les pasa el agua. Hay que meterse en el río," filosofé.

Mi primera milonga: Un lunes en Salón Canning

Alguien me dijo de ir a Canning un lunes por la primera milonga de mi vida. ¿Quién? No me acuerdo quien, pero sí me acuerdo de lo que pasó. Salón Canning se llena mucho los lunes. El espacio es amplio, pero la pista cuadrada no tanto. No es para tímidos; hay que ser bien valiente. Me acuerdo de mi amiga Catrina, que estaba llevando bastante, pequeña de contextura, pero fuerte y resistente. Tenía que peleárselo mucho para mantener su espacio en la pista. No es que es tan malo, pero está bien que sepas que se llena, mucho. Si es la primera vez que vas a una milonga, puede ser un poco intimidante.

Si me sentí intimidada al principio, la verdad que no me acuerdo bien, pero los hombres con quienes bailé estaban tensos e irritados por el hecho de que no tenía la menor idea de lo que estaba haciendo. ¡Hacía todo lo que podía para "seguirlos" y mantenerme erguida!

Dos hombres me sacaron a bailar aquella noche.

El primero paró varias veces en el trascurso del tango para gritarme, "¡Si no me seguís, no podemos bailar!"
   Traté de explicarle que después de solamente dos semanas de bailar tango, estaba intentando con todo lo que tenía. Intentando. Intentando mantenerme enfrentada a él – esto era mi punto de referencia – e intentando no caerme en la pista de baile en mis *Comme-il-faut*s.[65] Lo que menos quería era no "seguirlo."
   "¡Estos jóvenes rebeldes!" bufó.

---

[65] *Comme il faut* es una marca popular de zapatos de tango – estos eran tacos de 9cm.

El segundo bailó un poco de cumbia conmigo entre tangos y después un tango. Se rió de mí y me pasó su tarjeta para tomar clases.

Después de eso, toda milonga fue fácil.

Mi "Novio" de la Milonga

Había un chico con quien siempre bailaba en las milongas. Anhelaba bailar con él mientras me preparaba para salir. Tú sabes, este chico que te hace sentir tan segura y contenida y hermosa. Yo me derretía en sus brazos. Me invitaba a bailar y yo aceptaba con mucho gusto, le asentía con la cabeza y una sonrisa, me paraba y lo encontraba en la pista. Tan pronto como me apoyaba en su pecho y él me envolvía en sus brazos, cerraba los ojos y era suya.

Le decía cuanto me gustaba bailar con él – no restrinjo los halagos. Pero la sonrisa brillante que se estiraba por mi cara lo decía mejor que cualquier palabra.

Cuando recién había empezado a bailar tango, me contó, la secuencia que ejecutaba era lo que más le importaba. Las chocaba a sus compañeras con otra gente sin pensarlo mucho. Pero después se dio cuenta que cuidarle a su compañera era más importante que cualquier secuencia de pasos.

Gracias, le dije, porque sentía que era atento y cuidadoso conmigo y mi bienestar.

Lo llamaba mi "novio" de la milonga porque sentía una conexión con él y la seguridad que acompaña a la familiaridad y el fortalecimiento de la confianza. Con él me podía sentir segura en cualquier pista de baile. Me abarcaba en sus brazos y yo cerraba los ojos, respiraba y me relajaba, tanto que de vez en cuando, al abrir los ojos, quedaba convencida de que alguien había dado vuelta el salón, que la puerta y el bar se habían confundido y que todo había salido muy mezclado.

Un sueño

No sé si es porque nos apuramos,
porque me perdí en tu abrazo,
porque me girabas por un mundo
que me parecía algo que había soñado,
si es porque no estoy lista ni dispuesta para entregarme,
no sé que me pasa
ni porque.
Sólo sé que quiero frenar un poco,
a ver si en la lentitud descubrimos algo
que en la corrida no se nota
o si de verdad es un sueño que no se va a cumplir.

A dream

I don't know if it's because we took it too fast,
because I got lost in your embrace,
because you spun me across a world
that seemed to be something I had dreamed of,
or if it's because I'm not ready to let go
and give myself to you.
I don't know what's going on with me,
nor do I know why.
I know only that I want to slow down a little,
to see if in slow motion we discover something
that at full speed we can't perceive,
or if the truth is that it's all just a dream that will never be.

"la Moldava"

El ambiente de tango en Buenos Aires es una mezcla impresionante de gente de todo el mundo. Me acuerdo de una noche particular durante la cual bailé con varios hombres argentinos, incluyendo mi "ex novio de la milonga," un alemán, un italiano, y un hombre de San Diego.

Pero yo soy la única persona de Moldova acá, de lo que yo sepa. Y porque hay tantas personas de todas partes del mundo acá, con frecuencia me pregunta la gente de dónde soy. Cada vez que les digo, me contestan, "¿Qué?" No "dónde" pero "qué." Cuando bailamos después, me dicen, "Vos sos la chica de ese país tan raro, ¿no?" o se acuerdan de que soy de Moldova pero de mi nombre no.

Como hay mucha gente por acá conocida por apodos tipo "el Chino," "la Rusa," "el Turco" – y porque Horacio me empezó a decir "Moldavia" – decidí llamarme "la Moldava." Es donde nací y la mayoría de la gente no sabe ni que existe. Así que cuando me preguntan de donde soy, yo siempre digo Moldova y después los Estados Unidos, para poner Moldova en el mapa.

Tango, un idioma internacional

Una noche en Práctica X, un hombre me sacó a bailar con un cabeceo.[66] Sonreí, gestionándole que sí. Mientras se acercaba, me paré. Nos enfrentamos. Me ofreció su mano izquierda; acepté con mi derecha. Le rodeé la espalda con mi brazo izquierdo y él a mí con su derecho, y bailamos. Bailamos todo un tango sin decir ni una palabra. Un acuerdo no hablado entre dos personas para reunirse a fin de compartir un abrazo.

Cuando se acabó el tema, me preguntó, "¿De dónde eres?"

Y al responder, "Moldova," ya estaba lista para proseguirlo con lo de siempre: "Es un país chiquito entre Rumania y Ucrania."

¡Pero este hombre me habló en rumano!

Me tomaron unos momentitos orientarme. Su nombre era Lucianu, y resultaba que había un grupo grande de como veinte rumanos acompañándolo en Buenos Aires.

Así es como supe que hay tango en Rumania. Y que – a través del lenguaje corporal del tango – te puedes vincular con alguien sin saber ni siquiera si es que tienen algún lenguaje hablado en común. Te puedes conectar a través de la música, el abrazo, con gente con la cual ni hubieras hablado o comunicado si no fuera por el baile, gente de todos los caminos de la vida, hablando todo tipo de idiomas, con todo tipo de historias. Todos hablando tango.

---

[66] El *cabeceo* es una manera de enlazarse las miradas y asentir con la cabeza para invitar a alguien y para aceptar una invitación a bailar.

En la "Meca" del Tango

Buenos Aires es la "Meca" del Tango – el centro mundial. Es muy probable que en una noche bailando tango en las milongas más conocidas, bailes con muchas personas que no son de Buenos Aires. Gente de todas partes del mundo viene acá a perfeccionarse, a aprender el tango como lo bailan los *porteños,*[67] para compartir un abrazo nostálgico, que estando tanto cerca como lejos de casa, de alguna manera se siente como volver a casa.

---

[67] Se dice así a la gente de la ciudad porteña de Buenos Aires.

Medialunas en la Viruta

En las ciudades grandes, nos cruzamos corriendo, apurados, sin siquiera mirar, sin siquiera reconocer la presencia uno del otro.

Solía ir al gimnasio, asistir a mi clase de yoga o pilates, decir "gracias" al maestro y caminar hasta mi auto. Pero luego me hice amigos con algunos que también tomaban la clase de aeróbic step de Marisa y se convirtió en algo más que un entrenamiento buenísimo para transpirar la gota gorda; se convirtió en una actividad social. Charlamos durante las pausas, experimentamos con distintas variantes y combinaciones para agregar a la coreografía, nos sincronizamos, nos reímos y jugamos. La clase se volvió más humana.

El tango también es así. No tiene que ver solamente con el próximo tango que vas a bailar, sino también con las partes intermedias, cuando te sientas a la mesa y charlas con un amigo, tirando chistes y riéndote, tomas a sorbitos un fernet con coca, o compartes unas *medialunas*. [68]

Claro que la mayoría de nosotros en la *milonga* queremos bailar tango, pero a las 4:30 de la madrugada, no hay mucho que gane a las *medialunas* recién hechas y calentitas con un *café con leche* o un *submarino*[69] en La Viruta. A esta altura de la noche, algunos están ya demasiado cansados para bailar mucho, pero no hay que pagar entrada después de las 3:30 y pueden intercambiar historias de la

---

[68] *medialunas* – facturas (masas) en forma de media luna que tradicionalmente se comen como desayuno o merienda en Buenos Aires y muchas partes de Argentina

[69] *submarino* – leche caliente en el cual se sumerge una barrita de chocolate

noche e irse a dormir contentos con la panza llena. Es una opción deliciosa para cerrar la noche.

La *milonga* no es sólo para bailar; se trata de la interacción humana. Como dijo mi amigo Miles Tangos, calmate, buscate una silla y pedite algo para tomar – el tango para los argentinos es social.

Tango en un Living

Bailar es parte de vivir. Informal, espontáneo, orgánico. En Buenos Aires, nos juntábamos en la casa de un amigo para un *asado*[70] o un cumple o porque sí, y de repente sillas y mesas se corrían y la gente empezaba a envolverse uno al otro y girar por todas partes. No hace falta buscar un espacio de lujo, zapatos extravagantes y ropa especial; arreglate con lo que hay.

¿Tienes ganas de bailar? Corré los muebles, poné música y mirá mientras la pista toma vida. ¿No quieres bailar? Disfrutá de unos *mates*[71] o una cerveza o tomate una copa de vino; charlá, reíte, mirá.

---

[70] *asado* – cuando la gente se junta para asar alimentos y pasarla bien

[71] *mate* – un tipo de té suelto que muchos argentinos toman que por lo general se consume en comunidad

En la Milonga: Un Mar de Gente Meciéndose Juntos

La milonga inspira

Sentados en los banquitos blancos de plástico en el patio del estudio, estaba fascinada. ¡Guau! ¿Viste esto? ¡Ah, eso me gustó!

En otra época, antes de llegar a abrazarse para bailar, la gente ya conocía los gestos del tango. Los aprendían observando a su tío o sus abuelos bailando en casa en reuniones familiares; de haber visto las figuras desde muchos ángulos diferentes, ya las entendían.[72] En *La Confitería Ideal: The Tango Salon,* Jorge Dispari dice de Geraldine que ella aprendió lo básico sólo de tanto mirar bailar a la gente. Él trabajaba pasando música de DJ en el Sin Rumbo, una milonga en Villa Urquiza en Buenos Aires, y ella lo acompañaba y miraba; "Fue muy sencillo enseñarla a bailar a Geraldine, porque Geraldine amaba el tango."[73] El tango es caminar con estilo, con la actitud y los gestos que le corresponden a ese baile. Ellos se aprenden mirando.

---

[72] Rodolfo Dinzel, 9 abril 2010.

[73] Jorge Dispari habla de Geraldine Rojas en *La Confitería Ideal: The Tango Salon,* BBC 4 Documentary, 2005.

La mímica es natural. Desde bebés, hemos observado a la gente que nos rodea para entender lo que están haciendo. Pero hoy en día, al estudiar bailes tradicionales de salón, contamos con que un profesor nos explique exactamente cómo producir cada movimiento. A veces las palabras simplemente no alcanzan. Cuando aprendes mirando y experimentando, aprendes no solamente a hacer "cosas," empiezas a notar los resultados que produce cada estrategia diferente. En vez de esperar que tu compañera ponga su pie en un lugar predeterminado, percibes donde ella realmente está y te ajustas según sea necesario. Reconoces como se sienten los movimientos en tu propio cuerpo. En una entrevista, Horacio Godoy dijo de sus maestros: "Tenías que aprender viéndolos. Uno preguntaba: ¿Pero, cómo? y te respondían: 'Miralo, pibe'."[74] Cuando miras, trata de entender lo que lo hace funcionar: el "cómo," no sólo el "qué." Sólo por el hecho de que nadie te "enseñó" algo, no significa que no lo puedes probar.

En el estudio, pasábamos mucho tiempo sentados en aquellos banquitos de plástico en el patio. Tomábamos *mate* y comíamos galletitas, charlábamos y nos mirábamos bailar entre nosotros. Me acuerdo de encontrar ideas de cosas que quería probar o ver *gancho* tras *gancho* antes de llegar a hacer uno propio yo. Cuando observamos, elegimos los elementos que nos gustan más, aquellos que resuenan con nosotros, y los integramos a nuestro baile. Porque los aprendemos haciendo pruebas para sacarlos, cada uno encuentra una manera que le calza bien en su cuerpo, los hacemos nuestros. Es un ciclo que se alimenta a sí mismo: cuando aprendemos mirando los unos a los otros, elaboramos sobre nuestras ideas y así fomentamos el crecimiento entre todos.

---

[74] Muriel Rébori, Entrevista con Horacio Godoy, *La Milonga Argentina*, N° 51: mayo 2010.

El Cabeceo: The prelude to a kiss[75]

The *cabeceo* is the prelude to the dance,
that moment when you hope to get his attention
so that he might hold your gaze with his eyes
and nod his head toward the dance floor,
that moment when you don't know
if you'll dance together or not,
when you brush close to each other
and you feel each other breathe,
and you revel in the wonder
of the possibilities
of what will happen next.

El Cabeceo: El Preludio al Beso

El cabeceo es el preludio al baile,
el momento en el cual esperas atraer su atención
para que te sostenga la mirada con sus ojos
inclinando la cabeza hacia la pista de baile,
este momento en el cual no sabes
si bailarán o no,
cuando se rozan muy cerca
y se sienten respirar,
te deleitas
imaginando las posibilidades
de lo que podría trascurrir.

---

[75] Inspirado por el trago "Prelude to a Kiss," LUCID Jazz Lounge.

El "No" no es mala palabra

El "no" no es una mala palabra. Sí, puede significar rechazo, humillación y rotura de corazón. Pero decir "sí" cuando lo que quieres decir es "no" puede significar mentira, traición, no respetarte a ti mismo y lo que necesitas. Decir "no" si es lo que realmente sientes deja espacio para que el otro encuentre una persona que de verdad quiera decirle "sí" y te da la oportunidad de decir "sí" a alguien o algo a que realmente quieres decir "sí."

Si te puedes liberar de la presión de sentir que deberías decir "sí," tus noes llevarán menos carga emocional. Un sencillo, cortés, "no, gracias" o un gesto discreto con la cabeza, tal vez acompañado por una sonrisa, es suficiente. No hace falta torcer los ojos o tirarle una mirada de odio.

Y si tú eres el receptor de un "no," acuérdate que puede ser que no tiene nada que ver contigo. En vez de preocuparte por un rechazo, preocupate de que alguien te podría decir "sí" cuando lo que realmente tiene ganas de decir es "no." A veces nos enredamos tanto en el hecho de que lo que queremos es que alguien nos diga "sí" que nos fijamos en la respuesta "sí." Nos ofendemos al escuchar un "no" porque nos acercamos a la situación con nuestras expectativas adelante nuestro.

¿Y qué pasa si la persona termina diciendo "sí" solamente porque yo estoy tan entusiasmada que me diga "sí" y no porque esto es en efecto lo que quiere? Hay una línea delgada entre ser persistente y ser pesado. Puede ser difícil tragarse un "no," ¿pero no sería peor estar en una situación pensando que la otra persona quiere lo mismo que tú y darte cuenta de que no es así? Es fácil terminar sintiéndote desilusionado o herido, pero puede ser que todo empezó simplemente porque tú no escuchaste bien.

Y también hay las situaciones en las cuales la gente sí nos miente y nos dice lo que les parece que queremos escuchar. Un hombre estaba contando que estuvo casado con su esposa por 30 años, 30 años porque le tenía lástima. No la quería dejar por pena. ¿Y entonces le despilfarró 30 años de su vida? ¿Él supuso que ella quería estar con él sin decirle toda la verdad? ¿Supuso que ella no podía encontrar a alguien que realmente quisiera estar con ella? No, gracias, ¡no me hagas este tipo de favor! Prefiero regodearme en la desgracia de un "no" a sentir la traición de un "no" vestido en forma de "sí."

Si lo que quieres decir es "no," por favor, di "no." Ningún baile por pena u obligación. No es lindo bailar cuando no tienes ganas, o hacer cualquier cosa sin ganas. Seguramente hay otras damas en el salón que se deleitarían bailando con el hombre a quien tú quieres decir "no, gracias." Si no eres una de ellas, permítele buscarlas y viceversa.

Y si estás sacando a alguien a bailar, por favor, sin mendigar o suplicar. Respeta un "no" por lo que es: no. Si recibes muchos noes, a lo mejor tienen que ver con cosas fuera de tu control. O puede ser que eres el señor jadeante y resoplón que les frota la espalda a las chicas y quien se sabe que haya desabrochado un par de corpiños. Puede ser que eso a las chicas mucho no les guste.

Suponiendo que no eres este tipo, podrías probar de prestar más atención a quien te está invitando a sacarla a bailar. Como el cabeceo es el preludio al beso, si no muestra algún interés, no avances con el procedimiento del beso: ¡retírate! Normalmente las personas te dicen que "sí" mucho antes de que les preguntes. Busca los que quieren bailar contigo.

No puedes vivir lamentando los noes y dudando los síes. Confía en que cuando preguntas, recibirás la respuesta más honesta que esa persona te puede dar. Entonces los noes se vuelven más fáciles de digerir y puedes celebrar los síes porque son realmente eso: síes.

Estimado señor jadeante y resoplón,[76]

El tango es íntimo. Implica compartir mucho de la superficie de tu cuerpo con otra persona. Pararse pecho a pecho, cheek to cheek (mejilla con mejilla) y a veces cadera a cadera con alguien se siente cómodo porque sé que me va a tocar solamente de una manera que se relaciona al baile, respetando el acuerdo mutuo que hicimos para bailar este baile.[77]

Pero como en cualquier actividad social, siempre hay uno que sobrepasa los límites. Si tú eres aquel señor jadeante y resoplón que se abusa de la proximidad del cuerpo de la mujer que se confió en tu abrazo para bailar un tango, especialmente si te aprovechas de las chicas más nuevas quienes puede ser que no saben los códigos de lo que es y no es aceptable, deberías tener vergüenza. Y por favor, no te vayas diciendo a las chicas que un empellón pélvico es "tango" y que si no les gusta, deberían meterse a bailar otra cosa, como el cha-cha-cha o algún otro tipo de baile. Sí, me pasó.

Si tu compañera no se siente cómoda, no importa si "todos los demás lo hacen" o si figura dentro de tu repertorio de "movimientos tangueros" admisibles; no importa quien dijo que está bien. No existe ganar una discusión sobre lo que siente o no siente otra persona.

---

[76] ¡Gracias a Débora y Camila y todos los editores facebookiarios!

[77] Si es que *sí quiero* algo más, no quiero que pase en la pista de baile.

La pista

Las pistas de baile están llenas de testosterona chocando con testosterona.

> Una noche estoy bailando en la Glorieta, una milonga al aire libre que se llena mucho. Sé que navegar la pista ahí no es fácil, así que busco relajarme lo más posible para ayudar a mi compañero a sentirse más tranquilo. Respiro profundamente, lo abrazo cerquita, acaricio su espalda, acerco mi mejilla a la suya, y de repente para de bailar y grita, "¡Hijo de puta!" ¿En serio? No da. Y si esto supuestamente lo haces por mi protección, gracias, pero no gracias.

No es que la pista tiene que ser caótica y violenta. Meramente buscamos una pacífica existencia mutua. Choques sí suceden. Pasan. Apuntamos a que pasen con la menor frecuencia posible, y cada uno hace su parte para contribuir. Cuando me choca alguien, normalmente mi compañero se disculpa. Le digo que confío en él, que yo sé que está intentando cuidarme y mantenerme a salvo, y busco relajarme otra vez, porque esto también es importante.[78]

> Y después está Oscar Pereiro que, sin importar quien fue el que causó la colisión, se disculpa y luego me pregunta si estoy bien. Dice que ha ganado muchos amigos así. Hay que tirar buena onda, dice Oscar. Así al otro hombre, que podría sentir la necesidad de ponerse a la defensiva (aun si de hecho fue su culpa), no le

---

[78] Claro que hay límites: Si no me siento segura o si me parece que mi compañero es imprudente y no se preocupa por mi bienestar, le digo "gracias" y me siento.

queda otra que responder tranquilamente. Todos están contentos y seguimos bailando.

El tango es un baile popular. Cualquier persona debería tener la posibilidad de compartir la pista contigo y merece tu respeto. El objetivo del tango no es ganarles a los demás: "No hay uno mejor que otro," dice El Chino Perico. Sí que puedes competir para decidir quien tiene la pisada más elegante, los pies más ágiles, pero si eres tan "bueno" que nadie quiere bailar cerca tuyo, no queda nadie con quien competir. "El hombre tiene que halagar al hombre, no tirarlo para abajo," agrega El Chino. Nos beneficia a todos si hay más gente que se siente cómoda y bienvenida en nuestra comunidad.

No es un concurso o una carrera. La pista es un circuito sin fin. Circularla más rápido no te hace mejor bailarín, no hay ningún premio por zigzaguear entre carriles, no hace falta "rebasar" o "pasar" a los demás. Si lo que más vale es la experiencia en sí, ¿Qué importa cuán "lejos" vas o cuán rápido llegas?

Si las parejas en la pista mantienen una distancia consistente entre aquellos que bailan en frente y los que bailan detrás de ellos, parece que todo fluye orgánicamente. Es un ciclo sincronizado de crear espacio y tomar espacio. Cuando no tienen espacio para avanzar, se ponen creativos e inventan cosas en el lugar. Por respeto al flujo de la circulación de la pista, se miran antes de incorporarse a la ronda. Hay algunos códigos básicos de respeto mutuo, dice Rodolfo Dinzel: no molestas a nadie y los demás no te molestan a ti. Si todos colaboran en este asunto, fluye bien y se allana el camino.

Un mar de gente meciéndose juntos

Aunque cada pareja en la pista interpreta la música a su manera, somos un mar de gente meciéndose juntos. Hay una sensación colectiva, una frecuencia con la cual nos sintonizamos todos. Cuando nos metemos en la pista, agarramos la corriente; de algún modo nos sincronizamos con los que nos rodean. Somos independientes, pero vinculados: individuos, pero una comunidad.

Nos necesitamos, como los perros de una jauría. Estoy acostumbrada al encuentro de los perros uno a uno, riñendo y gruñendo, cuando tienen que ser el alfa y omega y todo, cada uno por su cuenta. Pero si observas los perros con los paseadores de perros en Buenos Aires, es una cosa extraordinaria: en una jauría se llevan bien – hasta 10 o 12 de ellos. Todos necesitamos pertenecer, como el bebé hipopótamo Owen que se hizo amigo de y adoptó como su "madre" a Mzee, una tortuga gigante de 130 años, cuando fue separado de su familia por un tsunami.[79] Los amigos vienen en muchas formas y tamaños y todos los necesitamos.

Como el alga marina, aquellas piedras en nuestro camino están ahí para obligarnos a doblar y ceder y adaptar; nos hacen acordar que somos alga y nosotros les acordamos que son piedras. La milonga es donde la gente se junta para bailar, para sentirse parte de un grupo. No es lo mismo que hacer una presentación en una pista vacía o practicar solos con tu compañera. En la milonga, el objetivo es coexistir.

---

[79] Hatkoff, Isabella, Craig Hatkoff, & Dr. Paula Kahumbu, *Owen and Mzee: The True Story of a Remarkable Friendship,"* Scholastic Press: 2006.

Como un Gato Tratando de Agarrarse la Cola

Volver a lo Básico

La primera clase que tomé, la primera vez que vi el tango argentino, fue en un lugar que se llama La Viruta. Dan varios niveles de clases simultáneamente y en cierto modo uno se puede meter en la clase que elige. Por lo tanto, mi primera clase de tango yo me salté a la clase con los movimientos girados y retorcidos – *ochos*, aprendí que se llaman. Esto de caminar, esto es muy fácil para mi, me dije yo.

El tango es fácil... y no lo es. A veces lo más sencillo es lo más difícil de percibir, así que el hecho de que sea tan "fácil" es lo que lo hace tan inaprensible. Estaba acostumbrada a las clases de baile en las cuales se enseñan pasos; cuanto más pasos sabes, mejor bailas. Pero el tango no es así. No se trata de los pasos. Caminar es el fin último.

Tan entusiasmada por aprender "más" la primera vez que vi el tango, me metí al segundo nivel en La Viruta sólo para volver dos años después en búsqueda de la esencia y lo básico y la manera sofisticada de manejar la energía entre dos personas en las clases de Horacio Godoy. El aprendizaje del tango no tiene una trayectoria lineal; es espiral y serpenteante y circular y puede tomar años y muchos kilómetros para darse cuenta que "volver a lo básico" es lo que requiere el desarrollo de otro nivel de conexión, tipo de otro mundo.

Todo "vuelve" al caminar…

En La Viruta "entrás caminando… salís bailando." Yo entré "bailando" y salí (bue, salgo y sigo buscando salir) caminando.

Cuando la vida te regala limones[80]

El estatus de Facebook fue algo como esto:

cuando la vida te regala limones, comprá una botella de tequila, dice Amanda. jajaja! o… hacete unas barritas de limón – ¡mmm! ¡que rico!

y los comentarios que siguieron fueron:

Reggie: cuando la vida te regala limones decí ¡al carajo! y búscate un bife de chorizo.

Yo: ¡jajaja! ¡Me gustó eso, Reggie!

Yo: ah y para que sepan, hice una cena de bife de lomo con salmón de guarnición, jugo de limón por todas partes y margaritas sabor a limón por toda la pista de baile. dejé todo de mí en la milonga :) ¡buenísimos los tangos, buenísima la compañía, hermosa noche!

Sentada en el estudio eché una mirada alrededor y noté que la cantidad de mujeres excedía dramáticamente el número de hombres; simplemente no veía cómo esta situación me iba a promover el crecimiento como bailarina. Un chico con quien me hubiera encantado entrenar estaba juntando sus cosas para irse y otro que me había dicho que iba a venir ese día no había aparecido todavía. A ver, para hacer avances significantes, necesito estar impulsada y exigida, y quedándome sentada en un banquito plástico en el patio tomando *mate* durante horas y horas, no iba a lograrlo. Escudriñando los rostros de mis colegas bailarinas, cada una esperando ansiosamente que se termine el tango para ver quién sería el próximo para salir de la pista y cambiar

---

[80] *When life gives you lemons* – cuando la vida se pone amarga o te da sorpresas no tan lindas… sorpresas te da la vida

su compañera extendiendo una mano hacia ella, puse una cara amarga y me rendí al "tango slump."[81]

"Era casi seguro que esto iba a pasar," analizó la situación mi amiga Amber, una mano alentadora en mi hombro. "Estuviste bailando mucho y marchando bien. Un bajón iba a ocurrir."

"Supongo que sí," suspiré. Pero después de meditar sobre la situación por unos momentos más, me paré, agarré la tira descolorida de mi bolsa de zapatos de tango y anuncié que no iba a tomar este bajón esperando sentada. "Cuando la vida te tira limones," aseveré, "hacé limonada o un lemon pie o... pucha, comé limones, porque a mi me gustan los limones." Tenía un plan: ir a dar la clase de inglés que tenía a la tarde – para sustentar mi adicción al tango – y luego salir a bailar. E hice exactamente esto. Fui a la clase previa y me quedé por la milonga y pasé muy poco tiempo calentando la silla de mi mesa. Tuve suerte: no sólo bailé mucho, sino que todos los hombres bailaban como me gustaba a mí. La noche me iba tan bien y tenía tantas ganas de seguir moviendo mis patitas danzarinas, que caminé las cuatro cuadras hasta La Viruta y bailé más todavía – hasta que pusieron "La Cumparsita"[82] y encendieron las luces.

Fui al estudio al día siguiente y cuando entré, la proporción de mujeres a hombres era 3:1. ¿Otra vez? ¡Esto no me puede estar pasando! Bailé un poco pero me sentía lejos de satisfecha. Cuando llegó Stefan estaba casi segura que me iba a sacar a bailar, pero no lo hizo. Miré las parejas bailando, lo que también me gusta hacer, e hice mi rutina de estiramiento, pero al fin del día me sentía desanimada y

---

[81] *tango slump* – mi propia depresión tanguera, época floja, un bajón
[82] "La Cumparsita" suele ser el último tema que se pone en la milonga.

más metida en mi bajón. ¿Darme por vencida? Jamás. Salí otra vez y bailé hasta cerrar el boliche a las seis, caminé hasta mi casa y me sentí bastante realizada. Es sólo un bajón. Pasará, me dije.

El próximo día no tenía ningún gran apuro para llegar al estudio, como pensaba que ya sabía lo que me esperaba ahí. Paseé por la calle, admirando la grande flor roja cerca de la *parrilla* de Marcelo. En el estudio, Amber y yo analizamos mi bajón y mi relación con el tango. Esto es lo que pasa, concluimos, es como si nunca estás satisfecha. ¿Y cómo podrías estarlo? Es una adicción, así que siempre quieres más, ¿Sí? Sí.

Me estiré, respiré profundo, medité un poco. En algún momento nos miramos los ojos con Stefan y nos metimos en la pista, nos abrazamos y empezamos a caminar juntos. Me dio consejos y me sentía más animada. Nos conectamos bien, hablamos. Después, mientras juntaba sus cosas, lo charlamos.

"Estuve pasando por una especie de época floja los últimos días acá en el estudio," le confesé.

"Sí, me di cuenta que estabas un poco distante." Su respuesta me sorprendió.

"¿Lo notaste? Viste que había tantas mujeres y me parecía que no estaba bailando mucho," intenté explicar.

"Sabes que, cuando yo vine por primera vez al estudio, me sentí muy bienvenido, pero algunos amigos míos que vinieron después dijeron que no tuvieron la misma sensación. Pagaron la cuota, pero sentían que nadie se les acercó y les atendió. Cuando le pregunté a Rodolfo [Dinzel] sobre esto, dijo, '¿Qué puedo hacer si la gente no quiere algo?' Tienes que pensar en lo que quieres y animarte a buscarlo," dijo Stefan. "Si quieres bailar, sólo tienes que decírmelo y bailaré contigo. Si quieres consejos, pedímelos."

Y ahí fue que me di cuenta que mi actitud "proactiva," mi mentalidad no-lo-voy-a-tomar-sentadita, fue todo para contrarrestar la energía que estaba emitiendo yo misma. Sí, es cierto que había más mujeres que hombres un par de días seguidos, pero ¿Quién iba a querer bailar conmigo si estaba en un bajón autoproclamado? Agravé la situación yo misma. Todos pasamos por pequeñas crisis, así que deja que te lleva la ola descendente. No la pelees, no te tensiones, porque te vas a hundir más todavía. Pronto habrá otra ola para levantarte. La próxima vez que pases a ser dueño de algunos limones, te recomendaría disfrutar despacito de un lemon drop.[83]

---

[83] *lemon drop* – un trago cuyo sabor es parecido a un caramelo de limón con el mismo nombre

Los Altibajos

Hay veces que la vida sí te tira limones y a veces estos limones realmente tienen un sabor amargo. Y cuando te agarra la melancolía, puede que sientas la necesidad de verter un par de lágrimas o reírte de lo absurdo que es el universo. La vida no es toda rosada y prometedora; tienes que vivir los altos y los bajos. Si ya estás sentado en la montaña rusa, es inevitable que vaya a bajar en picada. No hay manera de salir del juego, así que lo mejor es rendirte. Soltá, porque resistirte a la caída te puede complicar subir al otro lado. Y sí que va a subir de vuelta y va a bajar después, porque la vida está llena de altibajos.

A veces hay que retroceder para avanzar...

Estaba jugando al Solitario. Llegué a una situación en que para poder sacar todas las cartas y terminar el juego, tuve que utilizar algunas que ya había amontonado encima de los ases. Para avanzar, aunque parecía contra-intuitivo, tuve que ir hacia atrás.

En el tango también hay casos en los cuales tienes que volver hacia atrás – o puede parecer que uno está retrocediendo – a conceptos más básicos con el fin de poder ejecutar los más complicados. Siempre vas volviendo a los conceptos más sencillos y cuando tienes mucha calle, se dice que estos son los primordiales.

No hay ningún Checklist[84]

El tango es vivo, fluye. Vive dentro de nosotros. No hay un "checklist," una lista de los elementos que podrías aprender para decir que ya aprendiste tango. Es orgánico y sutil en todos sus detalles. El yeite es la búsqueda y puede seguir sin fin. Si eliges ver el fin, lo encontrarás; si no, las posibilidades son infinitas.

"Esto ya lo sé hacer," dijo mi amigo. "Es fácil."

Y sí, los pasos en sí no eran complicados. Pero justo esto era lo que lo trababa. Porque él ya "sabía" hacer lo que estaba proponiendo el maestro, no lograba percibir lo que faltaba. Él simplemente hacía los movimientos, pero el tango no es hacer; es ser.

---

[84] *Check-list* – lista de criterios de comprobación

No es como armar un mueble

Mucha gente se acerca al aprendizaje del tango como si estuvieran armando un mueble: quieren un proceso con instrucciones paso a paso que lleva a un resultado final bien claro.

Pero el tango es el proceso, no el fin. El tango es la búsqueda, el descubrimiento, las ansias por más. El tango trata de empujar las fronteras desde adentro, de una manera que puede ser imperceptible para los que te rodean, tal vez para tu compañero también. Puedes hasta sorprenderte a ti.

El tango tiene que ver con encontrarse a uno mismo, y como un gato tratando de agarrarse la cola, lleva tiempo.

Los que saben "todo"

Has bailado con los tipos que saben "todo" – sabes quienes son. Son los que se ocupan de hacer entrar la mayor cantidad de figuras complicadas posible antes del *chan (chan)* que marca el fin del tango. Y es muy probable que no tengas muchas ganas de volver a bailar con ellos otra vez.

Como en un buen discurso, es el "cómo" no el "qué"

No hay que correr detrás de la música o esforzarte para desplegar todo tu "vocabulario" tanguero – no se trata de cuántas palabras sabes o la velocidad con la cual las puedes reproducir.

"El tango es como un buen discurso," dice Geoffré Dominessy, "tiene que ver con la manera en que aplicas las palabras que sabes." Lee el público. Engancha a tu compañera. Siente cómo su cuerpo responde a tus movimientos.

Los grandes oradores estimulan al público y se montan en la ola. Esperan hasta que se aquiete el aplauso, justo lo suficiente, pero no tanto que se corte el flujo de la energía. Manejan el impulso y le sacan ventaja, sabiendo cuándo agregar algo, cuándo dejarse llevar, cuándo reducir la velocidad. La resonancia de sus palabras deja al público sin aliento en cada pausa dramática. Cuando notan que la energía está creciendo, puede ser que repitan una palabra otra vez más, para ponerle énfasis a la idea que tiene al público animado, sólo para que sepan que les está prestando atención.

Darle Tiempo al Tiempo

La Sencillez

Irónicamente, el primer borrador escrito a mano de esta entrada fue cualquier cosa menos sencillo. Así fue porque a veces lo más sencillo es lo más difícil de captar. Intentas e intentas atrapar bocados de palabras que se deslizan por tus dedos como arena, y hablas en círculos para decir algo que podrías expresar con una simple caricia. Cuando la gente recién empieza a bailar tango, lo que suele ver son "pasos" y "cosas" y piensa que hace falta hacer mucho de eso para bailar tango.

Pero todo lo que brilla no es oro. Las cosas importantes no son siempre las que podemos ver. La mayoría de la gente sabe cientos de figuras y sólo baila con siete, dice Rodolfo Dinzel: "No es hacer muchas cosas grandes, es hacer pocas cosas con grandeza." Sin embargo, muchas personas siguen buscando figuras.

Somos una sociedad orientada en rendimientos y resultados. Queremos que las cosas sean mensurables, claras y rápidas. Nos desconectamos del viaje construyendo autopistas y carreteras y pistas de aterrizaje para helicópteros para trascender la realidad que existe en el camino. Más es mejor, la velocidad y la eficacia es lo que cuenta.

Pero ¿Cómo mides el amor de tu abuela o una sonrisa en la cara de un niño o la sensación cálida de un abrazo o el vacío cuando alguien se va? El tango tiene que ver con cosas que no podemos cuantificar, las cosas que nos cuestan transmitir con palabras, sobre cuales escribimos libros enteros, cosas tan sencillas que no sabemos cómo expresarlas. El tango tiene que ver con elegir, porque más no siempre es mejor y las cosas pequeñas sí cuentan y si tienes menos de algo entonces realmente tienes que ser selectivo. Porque no se trata de cuánto puedo abarcar en mis brazos y no tiene que ver con algo que puedo trasmitir con palabras, y ya sabes lo que quiero decir sin que yo diga nada.

Da importancia a todos los movimientos

Me acuerdo de cuando Rodolfo Dinzel le estaba diciendo a un alumno que cada uno de los movimientos tiene importancia y que su baile debería reflejar esto.

En vez de moverse como para sacárselo de encima, da importancia a cada detalle. Haz que cada movimiento valga algo, como en el ajedrez. Esto a veces requiere elegir la calidad ante la cantidad (las dos muy pocas veces coinciden), porque si intentas embutir todos los pasos que sabes en un solo tango, alguna parte de tu danza va a sufrir. Baila como si fuera que cada momento es un pedacito de tu vida que nunca se te va a devolver.

Momentos de Espera

"Hoy, todo es rapidez y descartable,"[85]
vamos por la vida figura tras figura, corriendo.
A veces corremos tanto que ni respiramos.

Pero en el tango se valora el no hacer como el hacer,[86]
la quietud como el movimiento,
el silencio como la palabra.

Hay que buscar momentos de espera,
"resetear la maquina,"
y mientras tanto, "cargar energía"
para volver a pisar otra vez.
Y hay que pisar con ganas,
trasladarse con ganas y parar con ganas,
no seguir corriendo atrás del tiempo fuerte o del compás
o porque alguien me dijo que tengo que hacerlo.
Tampoco es pausar porque me dijeron que hace falta.

Es buscar sentir y escuchar
y hacer lo que realmente tengo ganas de hacer.
Así cada movimiento queda sincero,[87]
así cada movimiento vale más
por el tiempo que lo esperé
y cada pausa es un regalo
de estar abrazados.

---

[85] Rodolfo Dinzel, 7 abril 2010.
[86] Inspirado por una conversación con Daniel Ledesma, 23 abril 2011.
[87] Horacio Godoy, abril 2011: "resetear la máquina," "cargar energía,"
y movimientos sinceros en vez de movimientos organizados, como
mentiras.

A veces hacemos cosas por la angustia de no hacer nada,
por la angustia de quedarnos quietos;
decimos palabras sin pensarlas,
para llenar el silencio.
Pero haciendo "cosas"
cedemos la libertad de elegir
porque el moverse se siente tan lindo
por el hecho de no moverse,
y parar se agradece
por interrumpir la corrida,
por un momento y la oportunidad
de respirar,
de buscar tierra,
de buscar al otro,
de encontrarme a mí otra vez.

Moverse por Moverse

A veces nos movemos sólo por el hecho de movernos,
porque no sabemos cómo vivir la quietud.
Seguimos corriendo de una cita a otra,
bailamos secuencia tras secuencia,
porque no sabemos cómo parar,
porque no sabemos cómo
simplemente ser.
Así que hacemos "cosas" para llenar el tiempo,
tiramos chistes para llenar el silencio,
decimos palabras vacías.

Pero cada movimiento se pone más hermoso
en el entusiasmo de su anticipación,
y cada pausa es una oportunidad
para celebrar estar bien acompañados.
Busca moverte porque lo sientes
y pausar cuando te parece,
no porque alguien te lo dijo,
pero porque sientes el impulso
de hacerlo.

Porque en el hacer sólo por el hecho de hacer,
renunciamos a la libertad de elegir;
nos volvemos prisioneros del reloj.
Porque la acción es un soltar
y las pausas son una oportunidad de reponer energía;
porque el movimiento aumenta en valor
al ser yuxtapuesto con la tranquilidad;
porque apreciamos las pausas
por el hecho de que son un contraste a la corrida,
por la oportunidad de respirar,
de poner los pies sobre la tierra,
de reencontrar la conexión con nuestra pareja,
de reencontrarnos con nosotros mismos.

La vida en modo control de crucero

A veces la vida se vuelve tan rutinaria que pasamos por alto los detalles y llegamos desde el punto A al punto B sin ni siquiera registrar el camino.

Después de medio tango, un chabón me dijo bruscamente, "Me duermo la siesta," o sea que se estaba aburriendo. ¿En serio? A ver, a veces simplemente no congenias con alguien, así que ni los pequeños detalles ni las cosas grandes resultan. Pero "aburrido" es no hacerse cargo, es una excusa, una falla en asumir responsabilidad por tu propia existencia. Por favor, acuérdate que conectarse requiere dos y que si estás "aburrido," significa que eres cómplice en crear y perpetuar tu propio aburrimiento.

Juega con las texturas de la música, la relación entre nuestros cuerpos, las combinaciones y composiciones infinitas de cómo se pueden entrelazar nuestras almas. Invade mi espacio, tómalo. Déjame sentir tu pulso, déjame sentir que estás vivo a través de las pequeñas fluctuaciones en tus movimientos mientras te adaptas y respondes a los anhelos de mi ser.

Este autito no viene con opción automática.

Tomate tu tiempo

Cuando recién comienzas algo, el encanto se encuentra en llegar "ahí," en alcanzar lo que sea el objetivo.

Pero al madurar por la experiencia, empiezas a preguntarte, ¿Para qué me estoy apurando? Y el juego toma otra forma: ya no se trata de llegar al próximo mojón o cumplir tareas para tacharlos de tu lista. Empiezas a gozar de cada segundo y vivir las partes "intermedias."

Empiezas a tomarte tu tiempo, a darle tiempo al tiempo.

Las Cosas Que No Se Pueden Ver

That Invisible Connection

Some things you can only see when you change the
lighting,
some things you can only see from a distance,
some things you have to get real, real close to see.

And then there are those things
that you can't see no matter how close you get;
you can only feel them.

Esa Conexión Invisible

Algunas cosas puedes ver solamente cuando cambias la
iluminación,
algunas cosas puedes ver solamente a una distancia,
algunas cosas te tienes que acercar mucho para ver.

Y luego hay cosas
que no puedes ver, por más que te acerques;
sólo las puedes sentir.

Ver de lejos; sentir de cerca

A veces tienes que alejarte para ver, tomarte un tiempo. Pero como no te puedes ver bailando, ni te puedes alejar, hay que sentir – no queda otra – tomar conciencia de ti mismo. Y así el otro puede tomar conciencia de ti también. Sólo tú puedes sentir lo que se siente dentro de la pareja. Nadie te puede aconsejar cómo estar o encontrarte o entenderte con otra persona – o sí te pueden dar consejos, pero tú tienes que tomar la decisión, porque nadie sabe mejor que tú.

See from a distance; feel right here

Sometimes you have to back up to see, take your time to see. But since you can't see yourself in the act of dancing tango and you can't distance yourself, you have to feel – there's no other way. You have to become conscious of yourself. And in doing so, you help your partner become conscious of you, too. Just like in a relationship, only you can feel what it feels like between the two of you, on the inside. Nobody can tell you how to be with or build a connection with or understand another person – and if they do give you advice, only you can decide what to do, because no one knows what you feel better than you.

El tango es efímero

Caminando en un jardín con mi Abuelo Carl, admirando flores, me recitó esta poesía:

Intr-o grădină	En un jardín
Intr-o grădină	En un jardín
lâng-o tulpină	junto a un yuyo
văzui o floare	vi una flor
de farmec plina	de encanto plena
s-o rup, se strică	arrancarla, se muere
s-o las, mi-e frică	dejarla, me da miedo
că vine altul	que viene otro
şi mi-o rădică	y se me la lleva

– Goethe interpretado por Ienăchiţă Văcărescu

Tan pronto como lo busco en el espejo, pierdo la conexión con mi compañero. Los videos no alcanzan a capturar su energía. Fotografías son solamente imágenes estáticas de un movimiento fluido y dinámico.

Cuando estudié en Roma un trimestre el segundo año de la universidad, pasé mucho tiempo detrás de una cámara fotográfica. Quería captar todo. Pero eso es imposible, me di cuenta, y porque estaba tan ocupada con "registrar" todo en fotos que hace años que no miro, no siempre aproveché del todo la experiencia; no siempre estaba realmente presente.

El tango, como la flor en el jardín, como nuestra existencia humana transitoria, es efímero. Es fugaz e impermanente. Sólo tú y yo sabemos qué es lo que sentimos en nuestro abrazo, pero sólo los que nos ven pueden apreciar las formas que creamos. No sirve intentar agarrarlo; apenas lo intentas, se desvanece. El tango es y no es. Fue y no fue. No hay pasado, ni futuro, sólo ahora y ahora y… ahora.

Oh, the paradoxes!

You must let go to have more possibilities
relax to control
be soft to be strong
be clear and decisive
yet listen and be perceptive.
You must use a little tension, but not much force
embrace, without smothering
trust, but not blindly
find elegance in subtlety
and sophistication in simplicity.
The more you progress, the less complicated it becomes…

¡Ah, las paradojas!

Tienes que soltarte para ampliar las posibilidades
relajarte para tener control
ser blanda para ser fuerte
ser clara y decidida
pero a la vez escuchar y percibir.
Tienes que aplicar un poco de tensión, pero no mucha
fuerza
abrazar, sin sofocar
confiar, pero no ciegamente
buscar elegancia en la sutileza
y sofisticación en la simplicidad.
Cuanto más progresas, menos complicado se vuelve…

Sentir para moverse en vez de moverse para sentir[88]

Se dice que *el tango es un sentimiento que se baila.*

"Hay días que no sirvo para nada. Estoy como toda floja," dice una mujer y mece su torso de un lado al otro mostrando la desconexión. Pero no es que no sirves para nada. Si bailamos nuestras emociones, si bailamos lo que sentimos, obviamente nuestras emociones cambian así que nuestro baile cambia, también. Sentimos para movernos en vez de movernos para sentir; si no sientes lo que sientes, ¿Cómo puedes bailar lo que sientes?

Agrega ella, "Parece que algunas mujeres con más experiencia de baile lo pueden manejar mejor" y de tal forma nivelan los extremos de sus altibajos. Los altos y los bajos siempre van a estar y puede ser que los percibas con más intensidad aún a medida que desarrollas la conexión contigo misma.[89] Hacerte dueña de tu propio cuerpo requiere aprender a dejar que fluyen tus emociones; requiere no ponerte molesta contigo por el hecho de que estás de mal humor y aprender a canalizar esa energía en tu baile para poder mantener la conexión contigo siempre, aun si no te sientes al 100%. Como dijo Miguel Romero, "No puedes esconderte detrás tuyo"; no puedes esquivar tus emociones. Las palabras mienten, pero en el tango tu cuerpo habla, y tu cuerpo no miente.[90]

Si nos movemos porque sentimos, si bailamos nuestros sentimientos, con razón nos conectamos de distinta manera con nuestra pareja de un día para el otro. Dos tangos, aun

---

[88] Rodolfo Dinzel, 15 febrero 2010.

[89] La miro a mi sobrinita Kera: a 5 semanas de edad, no tiene ninguna reserva en llorar cuando no está contenta y sonreír con mucho placer – está conectada con ella misma sin inhibiciones. Mayo 2011.

[90] "Con las palabras podés mentir, con el cuerpo y el movimiento no," Rodolfo Dinzel, 2010.

entre las mismas dos personas, nunca serán iguales. Como explica Rodolfo Dinzel, uno no se puede bañar dos veces en las mismas aguas de un río.

Cuando interactuamos con gente, tenemos que dejar margen por esta fluctuación humana, este cambio natural. No soy un robot; no puedo recrear las condiciones de ayer y no soy la misma de ayer ni de hace cinco minutos. Toda la técnica y la teoría no borran a un corazón aflijido; son herramientas para expresarlo. Deja que tu corazón sea tu pincel,[91] habla con los pies; "el tango te tiene que poner la piel de gallina, hermano. Si no, no va."[92]

---

[91] Inspirado por la canción "Vipassana" por Macklemore y Ryan Lewis, *The VS. EP* Album, 2009.
[92] Jorge Zanada, dir., *Tango Baile Nuestro,* película. 1988.

Matices del Chocolate

"Para alguien a quien no le gusta el chocolate, como yo," dijo Rodolfo Dinzel, "es todo lo mismo." Para un connoisseur del chocolate, hay infinitos tipos de chocolate; puede percibir las variaciones sutiles en cada barra de chocolate.

Así es con el tango, o cualquier disciplina en la cual te perfeccionas: al desarrollarte como un bailarín de tango te vuelves más perceptivo de los matices, de los pequeños detalles. "Cuando tienes hambre y muchas ganas de aprender," dice Fernando Gordillo, "comes de todo. Con el tiempo vas aprendiendo a elegir." Comienzas a distinguir entre lo que te gusta y lo que preferirías no repetir.

Empiezas a notar los sutiles cambios de peso y captas las diferencias en energía e ímpetu y calidades de movimiento. Cuanta más habilidad desarrollas en percatarte de estos detalles, más amplia será la gama de posibilidades del juego. El tango no es blanco y negro. Es un enchastre de grises, muchos, muchos tonos del gris.[93]

Cuidado con la dicotomía de blanco y negro. Nadie es simplemente bueno o malo. Definimos las cosas para simplificarlas, para no tener que involucrarnos con entender la complejidad de su esencia. Las empaquetamos en cajas para que sean más fáciles de encasillar. Si nos resistimos al ansia de etiquetar cuando encaramos lo indefinido, podemos apreciar la belleza de la complejidad de los muchos matices de cada persona que encontramos.

Las líneas derechitas nos aportan una sensación de tranquilidad, pero eso no significa que sea mejor ver el mundo como bloques homogéneos y círculos perfectos en lugar de los rasgos de sus formas irregulares y desiguales.

---

[93] Inspirado por Débora Chiodi: "enchastre de colores"

Es difícil enseñar lo gris y difícil captar lo gris, así que muchos recurren al blanco y negro. Extremos y absolutos son más fáciles de manejar. Pero lo fácil no siempre es mejor. La vida se trata de lo gris. La vida es muchos matices de chocolate.

Te falta la mugre: Demasiado prolijo

Cuando este profe me explicó que si hago adornos en el tiempo fuerte, puede ser que no tenga el tiempo suficiente para llegar al próximo movimiento que me marque el hombre, dijo, "Si pasa un vez, bueno. Dos veces, hum…" y en cierto modo insinuó que el tipo podría elegir no bailar conmigo otra vez.

Dado que hay tantos estilos como gente bailando tango y que nuestras personalidades y sentimientos tiñen nuestra danza, vi dos opciones: 1) Podría ajustarme para concordar con lo que quiere la mayoría de los hombres para que me saquen a bailar, porque quiero bailar, o 2) Si tengo la intención de conservar mi individualidad, tengo que mantenerme firme y seguir haciendo lo que siento. O un poco de las dos cosas. En un ambiente social, puede ser que interactuar con la comunidad toda requiera un poco de blandura, hacer algunas concesiones, ceder un poco. Aun así, uno de los aspectos más bellos del tango es que si miras una pista llena de gente bailando, todos bailan distinto.

Si me preocupo mucho por bailar de una manera que les aplaca a los demás, en este caso, seguir exactamente lo que me marca el hombre, exactamente, exactamente, perderé mi propio estilo, mi individualidad. Si uno no me invita a bailar otra vez pero otros sí, puedo seguir bailando con los a quienes les guste mi forma de bailar, ¿no? No puedes complacer a todos todo el tiempo; si no, quedas mal contigo.

Astor Piazzolla le dijo a Miguel Angel Estrella, un famoso músico clásico, "Tocás como los dioses, pero te falta la mugre."[94] El tango es la mugre, es impuro e imperfecto, es

---

[94] Astor Piazzolla citado por Karina Louro en una conversación en marzo del 2011. No pude documentar la cita original, pero Piazzolla era reconocido por hablar de "la mugre" – esta cosita que lo hace al tango tango.

vivo, es humano porque le ponemos un toque de nuestra humanidad. "Cuando bailamos un tango, nos prestamos el alma," dice Rodolfo Dinzel.

Ponete a ti en tu baile; dale tu sello personal. "No hay que tener miedo de 'ensuciar' el baile," dice Eva Wagner. No te restrinjas por miedo de perturbar o interrumpir o sabotear el plan. Tú eres una parte integrante del tango, así que no lo puedes interrumpir haciendo nada menos que soltarlo a tu compañero y dejarlo en la pista. Tú eres tango.

Elecciones

Hay mucha presión social para ser bueno, correcto, justo, y tantas definiciones de lo que es ser "correcto." Elegimos, pero las elecciones son como la ropa: algunas te calzan bien, algunas te quedan chicas con el tiempo y otras puede ser que correspondan más a un intercambio de ropa.[95] Y puede ser que tengas que probar mucha ropa hasta descubrir los cortes que te queden mejor. Pero si evitamos tomar decisiones o seguimos el librito de otra persona, nos perdemos a nosotros mismos. No hace falta esperar hasta que nos alumbre el día la luz del sol para buscar nuestro sol interior. Guarda con preocuparte tanto por ser "correcto" y "alistarte" para vivir la vida, que te pierdes completamente la luz del sol.

---

[95] *clothing exchange* – una reunión entre amigos para intercambiar ropa, para reciclarla

Somos mucho más similares que diferentes

Tenemos tantos problemas para entendernos porque tratamos de interpretar tan literalmente los productos de los deseos de la gente que no nos escuchamos más. Nos perdemos la autenticidad porque nos convencemos que copiar a alguien o algún movimiento es "auténtico." Y ahí es donde dejamos de ser auténticos o sinceros nosotros mismos. En vez de intentar leer cada nota y cada frase literalmente y estar pendiente de otra persona para que nos diga lo que es "correcto," escucha, escucha bien.

Cuando entiendes qué sentimientos te genera la música, cómo te hace sentir una caricia, qué te pasa al ver una lágrima buscar su camino por una mejilla, estarás mucho más cerca de poder empatizar con y entender al compositor y los músicos, la emoción en la voz del cantor, la respiración del bandoneón. Cuando logras empatizar contigo, relacionarte con otros se vuelve mucho más fácil. El tango es emociones tocadas en forma de notas, cantadas como poesías, articuladas por la calidad de nuestros movimientos. Las emociones son universales.

Una vez que dejamos de insistir tanto en nuestro punto de vista, en tener razón, en ganar cada discusión, podemos ver que las paredes que erigimos entre "ellos" y "nosotros" en realidad no tienen por qué existir, que somos mucho más parecidos que diferentes, que tenemos mucho más en común de lo que no. Cuando realmente queremos entendernos, encontramos la manera.

Tantos Tangos...

Tantos tangos como gente que ha bailado y las veces que bailaron[96]

En 1951, Felipe Richiardi se fue a La Plata para tocar con la orquesta de D'Arienzo. Como no tenía la dirección del lugar, cuando bajó del tren, le preguntó a alguien. "Seguí a la gente," le contestó el hombre. Ir a escuchar la orquesta de D'Arienzo tocar era como ir a la cancha a ver un partido de Boca Jrs.[97] Todo el mundo escuchaba y bailaba tango.

Porque el tango es un baile popular, en el cual es la manera y no la forma que importa, cualquier persona lo puede bailar.[98] Cualquier Juan Perez lo puede hacer a su manera, como lo siente (sobre gustos no hay nada escrito). Lo único que le hace falta es una persona que esté dispuesta a abrazarlo y bailar con él. "Cada uno tiene su estilo," dice El Chino Perico. Hay tantos estilos como gente que baila: "Hay tango bueno, tango malo y tango raro," a mi amigo Tony le gusta parafrasear a Luciana Valle, "tango que me gusta, tango que no me gusta y tango que no puedo decir si me gusta o no." Las tendencias dependen de los individuos que bailan tango – su moda, sus preferencias, sus interacciones sociales uno con otro. Cada barrio y cada milonga tienen su onda, su sabor. Pero tango es tango.

---

[96] Rodolfo Dinzel, *El Tango, una danza...*, 2008, p. 9.
[97] Horacio Godoy contó esta historia en una clase un sábado de abril 2011.
[98] Rodolfo Dinzel, *El Tango, una danza...*, 2008, p. 13.

Como no es una danza que tiene una coreografía predeterminada y uno baila lo que siente, ajustándose a las circunstancias particulares que cada momento presenta, es imposible replicarlo. Esta es la riqueza de esa danza: no habrá nunca dos tangos que sean el mismo. "Hay miles de parejas bailando, pero usted no va a ver ni una pareja que baile igual."[99]

"El tango es un cambalache," dice Karina Louro.

> *cambalache* – un popurrí, una colección
> miscelánea, un poco de todo

Un cambalache de personalidades, de música, de estilos, ropa, edades, oficios, profesiones, culturas, idiomas y dialectos. Hay toda clase de sapo en este pozo – *there are all types of frogs in this pond.* Y de alguna manera, funciona.

---

[99] Jorge Zanada, dir., *Tango Baile Nuestro,* película. 1988.

Una Búsqueda Eterna

El tango no es algo que aprendés y ya está. Es continuo y constante. El tango se acaba cuando terminás de buscarlo. El tango termina cuando pensás que ya sabés todo. Porque el tango fluye, como el agua, y sigue con vos o sigue sin vos, pero siempre te espera; siempre estará cuando estés listo para buscarlo.

An Eternal Search

Tango isn't something you learn and that's it. It's constant and continuous. Tango ends when you stop searching for it. Tango ends when you think you know everything there is to know. Because tango flows, like water, and it continues with or without you, but it always waits for you; it will always be there when you're ready to seek it out.

Deja que brille tu luz

La tarea de un maestro es ayudar a sus alumnos a tomar confianza en ellos mismos. Puede parecer que crear situaciones de dependencia le sirva a tu bolsillo en el corto plazo, pero no es bueno para tus alumnos – y a lo largo, diría que no es bueno para ti, tampoco. El objetivo es llevar a tus alumnos a un punto en el cual puedan volar con sus propias alas.

Enseña entonces con la idea de que la potencia de tus alumnos se extiende más allá de tus propios límites; que ellos pueden superar tus capacidades. Enséñales con la esperanza de que crezcan más allá de los confines de tu imaginación. Si supones que tus alumnos pueden llegar solamente hasta lo que sabes tú, los limitas a ellos y a ti desde el principio.

Da desinteresadamente y sin recelo y te volverá. Da porque si tus alumnos crecen, tú también crecerás. No es siempre fácil – tienes que confiar en ti. Pero una vez que dejas de tratar de asumir el rol imposible del que lo sabe todo, te darás cuenta lo mucho que sí realmente sabes.

No te contengas por miedo. *Know that by letting your own light shine, you give others permission to do the same*[100] – sabe que dejando brillar tu luz, das permiso a otros de hacer lo mismo. Hay luz suficiente para todos nosotros. Juntos, somos más.

---

[100] Marianne Williamson, *A Return to Love: Reflections on the Principles of A Course in Miracles,* Harper Collins, 1992: pg.191.

Sobre eso de Regalar Peces – On Giving out Fish[101]

Unos días después de mi taller de musicalidad, un participante me dijo que al principio se puso un poco mal porque no le parecía que había terminado teniendo más material o vocabulario con el cual interpretar a Piazzolla. Le contesté, interpretálo ¡como te canta el culo! Pero él buscaba peces. Le dije, No tengo interés en regalar peces. Cuando te des cuenta que el tango no tiene que ver con juntar "cosas," vení a hablar conmigo. Me contó que había hablado de los talleres con algunos amigos, quienes le dijeron que quizás los conceptos son útiles pero "avanzados." Estoy de acuerdo: creo que son ideas que no tratan del qué haces, sino del cómo lo haces, pero son fundamentales desde el principio.

Insistió en que si estructurara mis talleres más (enseñara pasos), vendría más gente, que las personas tienen diferentes estilos de aprendizaje. Y las personas tienen diferentes formas de enseñar, le contesté.

Sabemos que el cliente no siempre tiene razón. La idea de que porque yo tengo dinero, tengo poder, es errónea. Hugo Linares y Claudia Ubal me remarcaron esto. Me dijeron que cuando los clientes les dicen, *Bueno, yo les estoy pagando,* ellos contestan, *Olvidate.* Ellos están brindando un servicio por lo cual el otro está pagando – tienen que estar conformes ambas partes. Parece que en algún momento lo que era un intercambio perdió la esencia de intercambiar – me das aquello y yo te doy esto a cambio: dinero, frijoles, queso, protección, lo que sea. El dinero hace girar al mundo. El dinero también nos aleja del producto, del

---

[101] Un proverbio de Lao-Tsé: Si das a un hombre un pez, lo alimentas por un día; si lo enseñas a pescar, lo alimentas toda la vida.

trabajo que toma crearlo, del trabajo que toma transportarlo hasta colocarlo en los estantes del local y el trabajo que requiere mantener un negocio. El dinero habla. Pero el dinero sólo habla si la gente elige escucharlo. El dinero no puede comprar todo.

Encontramos esta situación en nuestras escuelas, también. El sistema educativo (en los EE.UU.) y más precisamente, los maestros, proveen un servicio a nuestros alumnos, a quienes en las últimas corrientes de moda se refieren como "clientes." Existe la expectativa de que los maestros atienden a las distintas necesidades de cada alumno, los estilos de aprendizaje, los niveles de competencia, etcétera. Al haber enseñado letras en el octavo grado por cuatro años, sé sin lugar a dudas la importancia de buscar diferentes maneras de explicar las ideas y hacer modificaciones para llegar a cada alumno. Pero creo que hay una falla fundamental en esta lógica: el alumno está recibiendo pasivamente y el maestro está dando activamente, en vez de ser una toma y daca. ¿Por qué no puede tomar un rol más activo el alumno en su propio aprendizaje? ¿Y qué pasó con esa sed de buscar conocimientos y respetar a los que están dispuestos a compartir lo que saben? ¿Qué pasó con el estudiar no porque tienes un examen para rendir a la mañana o porque tus padres te fuerzan a hacerlo, sino porque quieres ampliar tu conocimiento?

Así que no, hasta ahora, no tengo planes de regalar peces. Voy a plantarme tenazmente en la misión de enseñar a la gente a pescar, o mejor aún, ayudarlos a enseñarse ellos mismos a pescar. Aquéllos son los bailarines con los cuales yo quiero abrazarme – los que sienten la danza y son conscientes de mis necesidades y mis deseos como su compañera en este emprendimiento de colaboración, los que se atreven a andar fuera de las líneas conmigo, los que me hacen sentir escuchada y comprendida y tienen algo interesante para decir en nuestra conversación, los que no se inquieten por perderse, porque saben que juntos nos podemos re-encontrar y que juntos es la única manera de bailar un tango.

Soy porque elijo

Desde dónde vivir hasta qué cenar, hasta si deberías quedarte otro día más por el simple hecho de que lo estés pasando tan lindo, aun si ya tienes el pasaje para partir. No puedes hacer todo, porque todo no se puede. Tienes que elegir.

Rodolfo Dinzel dice que un maestro, tal como un doctor, debe tener en cuenta que no puede darle al alumno un frasco entero de pastillas – tomá esto. Tiene que saber recetarle la dosis justa.

También dice que cuando estaba estudiando en la universidad se dio cuenta que siempre salía con la mitad de lo que había dicho el profesor – asegúrate de que salgas con la mitad que te sirve más a ti. "No hay que confiar completamente en ninguna persona," Rodolfo me dijo un día; siempre hay que tener una puerta de atrás, una ruta de escape secreta. Es así. Si encontramos a alguien que nos parece una autoridad en algo, un genio, un ídolo, un maestro, es fácil empezar a tomar todo lo que dice como verdad absoluta. Pero la opción de decir "no" le da valor a tus síes. Cuando dejamos de elegir, cuando olvidamos que la verdad es relativa y terminamos de pensar por nosotros mismos, dejamos de aprender, dejamos de formar parte del proceso, dejamos de ser presentes.

Como decía mi papá, Arcady Condrea, tú y nadie más que tú eres responsable por las decisiones que tomas y tú serás él que deberá enfrentarse a sus consecuencias. Pide consejos, pero después elige para ti y elige con prudencia. Inteligencia es saber elegir.

A mi maestro, Rodolfo Dinzel –

que me abrió las puertas,
que me mostró otra manera de ser,
que creó un lugar mágico,
una casa lejos de mi casa,
donde tantos buscan refugio
de este mundo tan rígido,
que me ayudó a buscar mi propio camino,
que me enseñó a pensar por mí misma,
a ver lo que es y no lo que yo pienso que debería ser.
– ¡Gracias!

To my maestro (my teacher), Rodolfo Dinzel –

who opened doors for me,
who showed me another way to be,
who created a magical space,
a home far from home,
where so many seek refuge
from our rigid world,
who encouraged me to seek my own path,
who taught me to think for myself,
to see what is rather than what I think should be.
– Thank you!

Una Alumna de por Vida

Enseñar no es la conclusión del proceso de aprender; es el comienzo de otra etapa. Significa que me acerco al aprender con la intención de compartirlo. "No existe enseñar," dice Lydia Condrea, "sólo aprender." Es un dar y tomar, siempre.

Comprometerse con el desafío de enseñar, de compartir tu sabiduría y tu experiencia, es una gran responsabilidad. Una frase que dices le puede cambiar la vida a alguien. Pero sin embargo no puedes vivir caminando sobre cáscaras de huevo o con tanto cuidado que terminas hablando sin decir nada. Aunque sugiero evitar declaraciones absolutas que incluyan palabras tipo "nunca" y "siempre," todo lo que puedes hacer es compartir lo que sabes y lo que te ha resultado útil.[102] Lo mejor que puedes dar es lo mejor de ti, y puesto que la idea es seguir creciendo como un individuo, lo mejor de ti cambia con el tiempo.

Si nosotros, como alumnos, nos acordamos de pensar críticamente, podemos liberar a nuestros maestros del molde de algún omnisciente ser sobrehumano. Ojo con los que saben "todo," especialmente aquellos que quieren asegurarse de que sepas que saben "todo." Según Sócrates, aquél que sabe todo, sabe muy poco. Aquél que sabe que no sabe todo al menos sabe que la búsqueda continúa.

"Tú eres tu mejor maestro," escribe John Lee en su sitio web, AllSeattleTango.com. Se trata de asumir la responsabilidad por tu propio aprendizaje y ser un partícipe activo en el proceso – buscar cómo formular las preguntas apropiadas y discernir lo que te sirve a ti.

Pasé mucho tiempo siendo una alumna "buena," pero hace poco, me di cuenta que buscar la aprobación del maestro

---

[102] Declaraciones absolutas insinúan que eres una autoridad en algo, pero el tango es un baile popular – dejate espacio para crecer.

no es suficiente para mí. Lo que quiero no es solamente ser una alumna buena; quiero aprender. Por eso cambié mi estrategia: empecé a preguntar más y encontré la humildad suficiente para decir, No sé o ¿Qué te parece? o ¿Cómo lo explicarías vos? Y algunas eran preguntas para las cuales obviamente sabía la respuesta, sabía *mi* respuesta, pero el objetivo de tomar una clase es descubrir cómo esa maestra lo explica.

En el espíritu discutidor de mi Abuelo Constantin "Carl" Condrea, a quien le resultaba difícil abstenerse de una discusión acalorada, un discurso bueno vale más que una ovación entusiasta de pie. He tenido la suerte de encontrar miradas contrarias a la mía a lo largo de mi recorrido. Suerte porque me han propulsado a elegir, a re-evaluar, a formar y fortalecer mi propia visión.

El conocimiento es limitado, mientras la inteligencia es infinita. Busca la inteligencia ante el conocimiento. Resérvate el derecho de cometer errores y aprender de ellos. Yo soy una alumna y una maestra y el día que cese de ser alumna, el día que ya no busque más, será el último día que enseñe.

Construye tu propio castillo

Más vale rancho propio que palacio ajeno

Desde que pude agarrar un marcador con la mano, me ha encantado dibujar y pintar. Pintaba y pintaba y pintaba. Una serie de casas, después gente, y luego canales venecianos. Y mi mamá me dijo algo muy importante: demasiado puede arruinar un cuadro – parte del crear arte es saber cuándo detenerte. En vez de decirme cuándo le parecía a ella que debería parar, me alentó a buscar ese momento por mi cuenta.

La vida también es así. La gente te puede dar todo tipo de consejos, pero nadie te puede pintar el sendero – tienes que buscarlo tú. Y no siempre resulta fácil forjar tu propio camino. Requiere buscar y probar y aventurarte hacia lo desconocido, mucha introspección y aprender a confiar en ti mismo.

Cada tango es único, como cada pisada, como cada respiro, como cada momento de tu vida. No puedes ser otra persona. No puedes repetir o reproducir o replicar. Confiá en tu intuición; ensayá, poné las cosas a prueba. Determiná qué es lo que se siente bien para ti. Junta todos los pedacitos de oro que se te brindan – en cada clase, en cada conversación, en cada abrazo – y construye tu propio castillo. Eligiendo lo que te gusta y lo que te calza bien, poco a poco, vas construyendo tu propio baile.

Glosario

adornos – toques estilísticos que uno puede agregar al baile

boleo – un movimiento en el cual la pierna libre va girando alrededor tuyo o lineal y vuelve, por el piso o al aire

cabeceo – una manera de enlazarse las miradas y asentir con la cabeza para invitar a alguien y para aceptar una invitación a bailar

gancho – un movimiento en el cual "enganchas" al compañero con tu pierna

medialunas – facturas (masas) en forma de media luna que tradicionalmente se comen como desayuno o merienda en Buenos Aires y muchas partes de Argentina

milonga – una reunión social donde se baila tango y otras danzas; un género de música; un baile parecido al tango

mirada – entrelazarse los ojos antes de bailar (el *cabeceo*)

ocho – movimientos espirales que asemejan a la forma de un 8

sacada – un movimiento que da la ilusión de sacarle la pierna o el pie al compañero

tanda – un conjunto de 3-5 (usualmente 4) temas musicales, que por regla social se baila con la misma pareja

tango – la música, el baile

"gracias" – decirle "gracias" a alguien en la pista de baile generalmente quiere decir que no deseas bailar más con esa persona por ahora o por lo que resta de la noche

Notas para el Lector:

Estimado Lector,

Este libro se escribió solo. Es el producto de muchos momentos de inspiración, momentos tan desconectados y a la vez tan fuertemente conectados, momentos en los cuales fui llevada a escribir por el puro impulso de tener algo que decir, algo que tenía que salir a la luz y bailar con el fondo blanco de la pantalla de mi compu – palabras amontonadas en servilletas, conversaciones interrumpidas para garabatear ideas, amigos asustados por mis saltitos de entusiasmo al haber encontrado otro concepto más con el cual jugar. Una cascada de ideas, una catarata de palabras, una conversación con mis mentores, mis amigos, con mí misma. Tienes en tus manos mi contribución al amplio discurso sobre el tango y los lazos humanos.

Bienvenido a la conversación.

Más Notas:

Mi uso de **géneros específicos** es sólo para facilitar la lectura, y no es para nada una negación del hecho de que tanto mujeres como hombres intercambian los roles en la danza y de que a veces ni importa quién propone a quién porque simplemente fluye. Por lo general, en este libro los géneros se pueden intercambiar como uno quiera. Les invito a sustituir lo que encaje mejor para ustedes.

Este libro fue escrito originalmente en una mezcla de inglés y castellano. De hecho encontrarás algunos pedacitos en inglés. Y dentro del castellano, mezclé el argentino con el neutro para brindarle otro matiz.

¡Gracias!

A toda la gente que demostró interés en tener acceso a mi libro, por la inspiración suficiente para embarcar en esta aventura de traducir mi hijo azul.

A cada persona que ha compartido un abrazo conmigo.

A Rodolfo Dinzel (mi maestro), Anita Postorino, Rosita y toda mi gente, mis compañeros del Estudio Dinzel por cultivar mi creatividad y ser mi familia lejos de mi casa.

A todos los profesores – nombrados en este libro o no – quienes me influenciaron a mí y a mi baile.

A todos mis alumnos, por inspirarme a contemplar sus preguntas y brindarme un motivo para seguir esa búsqueda.

A mis alumnos de letras de Frederick Douglass K-8 en Filadelfia y de Asa Mercer Middle School y The Northwest School en Seattle por inspirarme a escribir y crecer con ustedes.

A mi sponsor, Neil Zussman – con tu ayuda fue posible publicar este libro por primera vez. A Lull Mengesha, por orientarme durante todo el proceso de auto-edición.

A mis editores – Lydia Condrea, Terry Benioff y Inna Condrea – quienes me dieron retroalimentación invaluable. A Carlos D. Alvarez por comprobar mi español en la primera versión del libro. ¡No lo hubiera podido hacer sin ustedes!

A mis editores de esta versión en castellano: Débora Chiodi, Carolina Siegrist, Julieta Aranda, Lucía De Rosa y Leonardo Alesandro y todos los muchos editores Facebookearios – desde la ciudad del Buen Ayre hasta Europa y todas partes de las Américas.

A Thomas, Anna, Christian y todos en el Chocolati Café sobre Greenwood en Seattle, por dejarme escribir y editar durante horas y horas y proveerme con combustible en forma de chocolates, lattès y bagels de bacon, queso y cebolla de verdeo.

A la comunidad de tangueros de Seattle, por recibirme con los brazos abiertos cada vez que vuelvo y "pido gancho."

A todos los organizadores de milongas y eventos tangueros – en Buenos Aires, Europa, los Estados Unidos y Canadá – por hacerme lugar en sus espacios y en sus comunidades.

A mis amigos, en los EE.UU., Argentina y todos los lugares en el medio, por sostenerme, por los abrazos y las conversaciones estimulantes. Se dice "it takes a village," se requiere un pueblo – gracias por ser mi pueblo. A Débora Chiodi por adoptarme y compartir tu familia y tus amigos conmigo. A Caro Siegrist, por siempre alentarme en la búsqueda. A Miguel Romero, por bancarme, contenerme y por toda la buena onda durante esta aventura. A mis queridos amigos en Seattle por siempre estar durante todos estos años. Una mención especial a Faye, Erin y Pete.

A mi familia, cerca y lejos, por estar a mi lado y creer en mí. Mulţumesc, Mama şi Tata, Inna-Cipo T-M, my "twin" brother Daniel, Bunica Raia, Bunica Caty, Bunicul Carl şi Tanti Genya.

Y a toda la gente que no mencioné acá – cada persona a quien le pedí sugerencias sobre un detalle acá, otro allá, cada conversación, cada interacción que inspiró la creación y traducción de este libro. Como la idea es 1+1=1, tiene mucho más sentido realizarlo y disfrutarlo en colaboración. Gracias por ser partícipe del proceso, por compartir y conectarse. ¡Muchas, muchas gracias!

Gabriela Condrea nació en Chişinău, Moldova y creció en Seattle, Estados Unidos. Es oradora, maestra (tango, letras, idiomas), escritora (libro: *When 1+1=1, Cuando 1+1=1,* blog: *Invisible-Ties (Lazos Invisibles))* y alumna de la vida. La base tanto de sus talleres de tango como sus presentaciones interactivas y su escritura es la búsqueda de la conexión. En sus viajes y en Seattle y Buenos Aires, su misión es conectar gente a través del tango, la improvisación y el arte de jugar con palabras.

www.GabrielaCondrea.com | Invisible-Ties.blogspot.com

www.ingramcontent.com/pod-product-compliance
Lightning Source LLC
Chambersburg PA
CBHW022333280326
41934CB00006B/617